"Si alguna vez has participado en es[...] no hay escasez de estudios sobre Ester escritos para audiencias femeninas. ¿Por qué escoger este? Primero, porque dedica diez semanas completas para avanzar, línea por línea, a través de tan solo diez capítulos usando, a lo largo del camino, habilidades de estudio excelentes y accesibles. Pero mejor aún, Ester: La mano oculta de Dios nos señala más allá de la misma Ester a Aquel a quien ella sirvió. Este es un estudio que tiene la intención de hacer discípulos que conozcan y adoren a su Dios".

Jen Wilkin, Maestra de Biblia; escritora de Mujer de la Palabra;
None Like Him, y In His Image.

"La mezcla brillante y hermosa de la enseñanza sólida, gráficas útiles, listados, barras laterales e imágenes atractivas —así como también preguntas sabias que hacen que la lectora se interne en el texto de la Escritura— hace de este un estudio en el que las mujeres querrán invertir tiempo y en el futuro lo verán como tiempo bien utilizado".

Nancy Guthrie, escritora de la serie de estudios bíblicos Seeing Jesus in the Old Testament

"Si estás buscando un estudio profundamente bíblico, sustancioso y accesible ¡este es! Lydia Brownback guía a sus lectoras, versículo por versículo, a través del libro de Ester, con mapas, cronologías, comentarios y preguntas que sondean el texto para obtener entendimiento y aplicación. Ella nos coloca profundamente en el contexto del libro mientras resalta el proceso del plan de Dios de redención y rescate. Aprenderás, te deleitarás en la palabra de Dios y amarás aún más a nuestro buen Rey Jesús".

Courtney Doctor, Coordinadora de Iniciativas de Mujeres, Coalición
por el Evangelio; escritora de From Garden to Glory y Steadfast: A Devotional Bible Study on the Book of James

"Ester: la mano oculta de Dios nos da un estudio visual y cautivador con un contenido accesible para que las mujeres comprendan el contenido del libro de Ester en el contexto de todo el consejo de la Escritura. Como líder de un ministerio para mujeres, estoy emocionada sobre el desarrollo de las series de Flourish Bible Study que no solamente oran para equipar a las mujeres para aumentar su conocimiento bíblico, sino que además, las acompañan a construir un cuadro sistemático y amplio para convertirse permanentemente en estudiantes de la palabra de Dios".

Karen Hodge, Coordinadora del Ministerio de Mujeres, Presbiterian
Church in America

"El estudio bíblico de Lydia Brownback sobre Ester es una guía firme y fiel para nosotras. Añade sabiduría sólida al contexto, guía nuestra investigación para entender los detalles del texto, y nos anima a responder al carácter y la obra del Dios no mencionado, nos ayuda a conocer mejor nuestra Biblia y a nuestro Señor salvador y soberano. A quienes estén buscando un estudio lleno de sabiduría y centrado en Cristo, que los guíe hacia el objetivo de ser transformados por la palabra, yo siempre lo recomendaré".

Tylor Turkington, Directora de Women's Training Network, The Gospel Coalition.

ESTER

Estudios Bíblicos Florecer

por Lydia Brownback

Ester: La mano oculta de Dios

ESTER

LA MANO OCULTA DE DIOS

LYDIA BROWNBACK

PATMOS

Con gratitud a Dios
por Paula Wilding, una querida amiga que de manera
audaz, valiente y consistente respalda la verdad

TABLA DE CONTENIDO

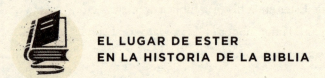

EL LUGAR DE ESTER
EN LA HISTORIA DE LA BIBLIA

						Oseas Amós Jonás
				1 Samuel		1 Reyes
	Éxodo Levítico Números Deuteronomio			2 Samuel		2 Reyes
Génesis Job		Josué		1 Crónicas		

| Creación
Caída
Noé
Diluvio
Abraham | El éxodo de Egipto
Moisés
La entrega de la ley | Conquistar
la tierra
prometida | Gobierno
de los
jueces | Monarquía unida
bajo Saúl,
David y Salomón | Monarquía
dividida |

Isaías
Jeremías

Ezequiel
¿Joel?

Miqueas
Nahúm
Habacuc
Sofonías

Daniel

Abdías

Esdras
Nehemías
📍 *Ester
Hageo
Zacarías
Malaquías

2 Crónicas

📍 **ESTÁS AQUÍ**

Nacimiento
de Jesús

Exilio

Después del
exilio, regreso
a Jerusalén

Periodo
griego

Periodo
de los
macabeos

Periodo
romano

c. 5 AC

Periodo intertestamentario

INTRODUCCIÓN

PONGÁMONOS EN LOS ZAPATOS DE ESTER

Había una vez... así es como empiezan los cuentos de hadas, y es una buena manera para empezar nuestro estudio de Ester. Sin embargo, Ester no es ningún cuento de hadas. Este libro de la Biblia registra eventos muy reales, en una época totalmente real en la historia del pueblo de Dios. A lo largo de los siglos, ha habido gente —incluso gente religiosa, influyente como Martín Lutero— que cree que el libro de Ester es un cuento de hadas. Ellos piensan que el libro de Ester no debería estar incluido como uno de los libros de la Biblia, principalmente porque no se menciona a Dios en él.

Esto es algo sorprendente, ¿verdad? La Biblia, la revelación escrita de Dios mismo, contiene un libro que no lo menciona para nada. No obstante, veremos que Él está realmente presente en Ester, solo que está oculto. El hecho de que Dios no se menciona en este libro es en realidad a propósito, y señala algo vitalmente importante acerca de Él y de sus caminos. Principalmente, vamos a ver cómo el libro de Ester nos señala a nuestro Señor y Salvador Jesucristo. Él tampoco se menciona en el libro, ¡pero

PERSONAJES

Dios es la figura principal de nuestra historia, claro está, aunque esté oculto. Y, luego, el autor anónimo de este libro de la Biblia nos muestra un elenco intrigante, incluyendo a la misma Ester. Ella es una joven judía, huérfana, criada por su primo, ya maduro, Mardoqueo en la antigua Persia. Mardoqueo también juega un papel importante en la historia, tal como veremos. Luego, está Amán, un oficial en ascenso del gobierno persa. Amán sirve al rey Asuero (conocido también como el rey Jerjes) quien también aparece de manera prominente en la historia. Encontramos a la reina Vasti, aunque ella desaparece al principio de la historia. Y hay unos cuantos personajes menores que sirven en la corte del rey. Cuando analicemos a los personajes de la historia, debemos incluir también a todos los judíos, el pueblo de Dios, quienes vivían en Persia en esa época.

ESCENARIO

Aquí, al inicio de nuestro estudio, es importante mencionar algo acerca del escenario de la historia. Los eventos registrados en el libro de Ester suceden principalmente en la ciudad de Susa, un centro floreciente de Persia, donde el rey pasaba los meses de invierno. Estos eventos ocurrieron sobre el curso de una década en el siglo V, AC, cuando el rey Jerjes gobernaba un vasto imperio, el Imperio Persa, lo que incluía casi todo el Medio Oriente.

Muchos años antes de que nuestra historia se diera, mucho antes de que Persia se convirtiera en una potencia mundial, el pueblo de Dios había vivido protegido en la tierra que Dios les había dado, Canaán, la "tierra prometida". Sin embargo, después de tomar posesión de la tierra, se volvieron indiferentes a Dios y se apartaron de Él para adorar a otros dioses, dioses falsos. Durante un tiempo muy muy largo, se negaron a arrepentirse de sus pecados, así que cayeron bajo el juicio de Dios. Su castigo fue el exilio de la comodidad y seguridad de la tierra prometida. Los babilonios los capturaron y los forzaron a dejar su país y los obligaron a que vivieran en la Babilonia pagana. Allí permanecieron durante muchas décadas. Este periodo de tiempo en la historia israelí se llama "el exilio". Fue una época desgarradora, pero lo doloroso es que el pueblo de Dios tuvo la culpa debido a sus decisiones y a su negación constante al arrepentimiento de su adulterio espiritual, de su infidelidad hacia el Señor. Puedes tomar unos minutos para leer el Salmo 127, el cual nos da un vistazo al dolor que experimentaron durante el exilio. A veces, tanto en aquel entonces como ahora, Dios disciplina a su pueblo en formas dolorosas a fin de que los corazones obstinados regresen a Él.

Cronología	
722 AC–586 AC	El pueblo de Dios fue forzado a abandonar la tierra prometida y a irse en cautiverio a Babilonia.
539 AC	El rey Ciro de Persia conquista al imperio babilonio y establece un reino nuevo que liberta al pueblo de Dios.
538 AC–445 AC	El pueblo de Dios regresa a su patria. La historia de Ester ocurre en esta época, del 483 al 473 AC.

Sin embargo, con el tiempo, el poderoso imperio babilónico se va debilitando y finalmente lo conquista el poder creciente de Persia bajo el rey Ciro.

Cuando el rey Ciro toma el poder sobre Babilonia, permite que el pueblo de Dios, los judíos, regresen a su patria. Incluso, él dio ayuda gubernamental para que los judíos pudieran reconstruir todo lo que se había destruido cuando los babilonios los invadieron. La generosidad del rey persa hacia el pueblo de Dios fue, muy probablemente, solo una estrategia política astuta. Los súbditos felices se convertirían, con toda seguridad, en súbditos leales, dispuestos a entregar fácilmente su dinero para los impuestos persas.

Quizá el rey Ciro haya usado a los judíos para propósitos personales, pero lo que realmente importa es que Dios estaba usando al rey Ciro. De hecho, el rey Ciro llegó al poder solamente debido a que Dios lo levantó. Sabemos esto por el profeta Isaías. Antes que el exilio ocurriera, Dios habló por medio de Isaías y declaró que Él usaría a Ciro, este futuro rey extranjero, para libertar a su pueblo y llevarlo del exilio al hogar:

> Esto le dice el Señor a Ciro, su ungido,
>   cuya mano derecha llenará de poder.
> Ante él, los reyes poderosos quedarán paralizados de miedo;

se abrirán las puertas de sus fortalezas
  y nunca volverán a cerrarse.
Esto dice el Señor:
"Iré delante de ti, Ciro,
  y allanaré los montes;
echaré abajo las puertas de bronce
  y cortaré las barras de hierro.
Te daré tesoros escondidos en la oscuridad,
  riquezas secretas.
Lo haré para que sepas que yo soy el Señor,
  Dios de Israel, el que te llama por tu nombre.
¿Por qué te he llamado para esta tarea?
  ¿Por qué te llamé por tu nombre, cuando no me
  conocías?
Es por amor a mi siervo Jacob,
  Israel, mi escogido.
Yo soy el Señor;
  no hay otro Dios.
Te he preparado para la batalla,
  aunque tú ni siquiera me conoces,
para que el mundo entero, desde el oriente hasta el
  occidente,
  sepa que no hay otro Dios.
Yo soy el Señor, y no hay otro.
  Yo formo la luz y creo las tinieblas;
yo envío los buenos tiempos y los malos.
  Yo, el Señor, soy el que hace estas cosas". (Isaías 45:1-7)

Dios hizo su voluntad a través de Ciro, este rey extranjero, lo cual demuestra que todo ser humano, grande o pequeño, fuerte o débil, está bajo la autoridad de Dios. Incluyendo a la gente que no cree en Dios.

¿Qué tiene que ver todo esto con el libro de Ester? Bueno, el rey de nuestra historia, el rey Jerjes, era el nieto de Ciro. Y el hecho de que estas dos generaciones habían pasado desde que al pueblo de Dios, los judíos, se le permitió que regresara a Israel hace que nos preguntemos por qué muchos no se fueron a casa, sino que optaron por quedarse en Persia. Quizá muchos del pueblo de Dios se quedaron porque, con el tiempo, se habían adaptado a la cultura persa. Llegaron a sentirse tan cómodos que a una cantidad significativa ya no le importaba regresar a Jerusalén, el centro de la tierra prometida.

Años antes, cuando los judíos exilados habían sido obligados a ir a esta tierra extranjera, sin duda ellos sintieron un impacto cultural significativo, pero Dios les dio instrucciones para cómo sobrevivirlo. A través del profeta Jeremías, Dios animó a su pueblo a perseverar:

> "Esto dice el Señor de los Ejércitos Celestiales, Dios de Israel, a los cautivos que él desterró de Jerusalén a Babilonia: 'Edifiquen casas y hagan planes para quedarse. Planten huertos y coman del fruto que produzcan. Cásense y tengan hijos. Luego encuentren esposos y esposas para ellos para que tengan muchos nietos. ¡Multiplíquense! ¡No disminuyan! Y trabajen por la paz y prosperidad de la ciudad donde los envié al destierro. Pidan al Señor por la ciudad, porque del bienestar de la ciudad dependerá el bienestar de ustedes'" (Jeremías 29:4-7).

El pueblo de Dios siguió esas instrucciones y se instaló. Sin embargo, Dios nunca tuvo la intención de que ellos se instalaran permanentemente en Babilonia:

> Esto dice el Señor: "Ustedes permanecerán en Babilonia durante setenta años; pero luego vendré y cumpliré todas las cosas buenas que les prometí, y los llevaré de regreso a casa. Pues yo sé los planes que tengo para ustedes—dice el Señor—. Son planes para lo bueno y no para lo malo, para darles un futuro y una esperanza. En esos días, cuando oren, los escucharé. Si me buscan de todo corazón, podrán encontrarme. Sí, me encontrarán—dice el Señor—. Pondré fin a su cautiverio y restableceré su bienestar. Los reuniré de las naciones adonde los envié y los llevaré a casa, de regreso a su propia tierra" (Jeremías 29:10-14).

A medida que moría la primera generación exiliada, algunos del pueblo de Dios perdieron de vista las palabras de Jeremías. Una vez que se instalaron en la vida babilonia, desarrollaron un gusto por sus lujos, y con el tiempo, su anhelo por el hogar posiblemente disminuyó. Llegaron a conformarse con vivir dispersos por todo el Medio Oriente bajo las autoridades paganas gobernantes. Un gran número de ellos olvidó al Señor, su pacto y sus promesas, de manera que, para la época de Ester, ellos estaban conformes con la vida persa, ya fuera en la ciudad de Susa o en una de las muchas provincias aledañas que gobernaba el rey persa.

Nosotros enfrentamos tentaciones similares hoy día ¿no es cierto? Es fácil instalarse en las comodidades de nuestra cultura, todas las libertades y los lujos están disponibles para nosotros. Sin embargo, mientras las disfrutamos, podemos llegar a depender de ellas para nuestro bienestar, y luego, arrimamos a Dios y a sus caminos en el patio trasero de nuestro corazón. Es bueno que estemos alertas contra esto, y es algo por lo que podemos orar aquí, en el principio de nuestro estudio.

ARGUMENTO Y TEMAS

Descubriremos el argumento de Ester a medida que avancemos en el estudio, pero podemos presentar la imagen general aquí. El libro de Ester relata la manera en que se pone en marcha un plan secreto para exterminar al pueblo de Dios, los judíos, pero Dios lo vuelca de manera sorprendente. Ese es el argumento, y por medio de este podemos identificar el tema dominante de Ester: Dios es fiel para mantener sus promesas y para liberar a su pueblo.

Hay otros temas en el libro de Ester que descubriremos mientras avanzamos. La providencia de Dios es un tema que está entrelazado a lo largo de todo el libro, y veremos eso muy de cerca. Otro tema intrigante es la reversión, la manera en que Dios voltea las cosas. Veremos por qué a Dios se le refiere como "el Dios de la reversión". A medida que nos adentremos en el libro, también nos daremos cuenta de con cuánta frecuencia se construyen las escenas alrededor de banquetes y festines. Y mientras estamos en el tema, es bueno observar justo aquí que la historia de Ester se escribió originalmente para registrar el origen de una celebración judía importante, la Celebración de Purim, la cual se celebra anualmente hasta el día de hoy generalmente en el mes de marzo. (Discutiremos más la Celebración de Purim en la semana 10).

Sobre todo, queremos cubrir la manera en que la historia de Ester señala a Jesucristo y a su evangelio. Esto es lo que deja entrever: nuestra historia expone la necesidad de un libertador, un rey y un reino mejor que cualquier cosa que podamos encontrar en este mundo. Esta es la consideración principal que debemos tener presente a medida que estudiamos juntas la palabra de Dios.

Nuestra historia expone la necesidad de un libertador, un rey y un reino mejores que cualquier cosa que encontremos en este mundo.

ESTUDIEMOS EL LIBRO DE ESTER

Al principio de cada lección semanal, lee el pasaje completo. Y luego, léelo de nuevo. Si estás estudiando el libro de Ester con un grupo, léelo una vez más, en voz alta, cuando se reúnan para discutir la lección. Marinarnos en el texto de la Escritura es el aspecto más importante de cualquier estudio bíblico.

ESTUDIO EN GRUPO

Si eres parte de un grupo de estudio, querrás terminar la lección semanal antes de la reunirte con tu grupo. Ya sea que respondas por tu cuenta las preguntas del estudio de una sola vez o un poco cada día. No te desanimes si no tienes tiempo para responder todas las preguntas. Haz tanto como puedas, sabiendo que mientras más hagas, más aprenderás. No importa cuánto puedes completar cada semana, el grupo se beneficiará con solo tenerte allí, no dejes de asistir solo porque no pudiste terminar. Habiendo dicho eso, el tiempo con el grupo será más gratificante para todos los participantes si tú has hecho la lección anticipadamente.

Si eres la líder del grupo, puedes bajar gratuitamente la guía del líder en http://www.editorialpatmos.com.

 ESTUDIO INDIVIDUAL
El estudio está diseñado para cubrirlo durante 10 semanas, pero tú puedes marcar tu propio ritmo si estás estudiando sola. También puedes bajar gratuitamente la guía del líder http://www.editorialpatmos.com si quisieras tener una guía durante el estudio.

Plan de lectura

	Texto principal	Lectura complementaria
Semana 1	Ester 1:1-22	Éxodo 17:8-16; 1 Samuel 15:1-33
Semana 2	Ester 2:1-23	
Semana 3	Ester 3:1-15	
Semana 4	Ester 4:1-17	Génesis 12:1-3; 2 Samuel 7:8-16; Isaías 43:1-7
Semana 5	Ester 5:1-14	
Semana 6	Ester 6:1-14	
Semana 7	Ester 7:1-10	
Semana 8	Ester 8:1-17	
Semana 9	Ester 9:1-19	Isaías 32:1-8; Apocalipsis 19:6-9
Semana 10	Ester 9:20-10:3	

EL BANQUETE DEL REY

ESTER 1:1-22

En la antigua Persia, los banquetes eran celebraciones grandes y fastuosas. Tal como veremos, hay varias de esas fiestas, banquetes, en el libro de Ester (lee el cuadro de "Los banquetes en el libro de Ester", en la página XX), y cada uno de ellos nos guía a un momento decisivo en la historia. Encontramos tres celebraciones solamente en el primer capítulo de Ester. La primera fue para el gabinete oficial y los personajes importantes del reino persa, y el rey era el anfitrión (versículos del 1 al 4). Ya que la celebración duró 180 días, eso es ¡seis meses!, es mejor entenderla como una serie de festividades cívicas durante este periodo, intercaladas con banquetes magníficos. Esta celebración de varios meses viene después de rondas interminables de reuniones militares en las que se planeaba enfrentar a Grecia, un poder creciente en el escenario mundial.

Cuando terminaron los seis meses de pompas y ceremonias, el rey Jerjes dio otra fiesta para los que habían trabajado duro en que Susa estuviera hermosa para los eventos con los personajes importantes. Mientras esta celebración de una semana de duración sucedía, la esposa del rey, la reina Vasti hizo un banquete para las mujeres de la localidad.

En los banquetes de celebración de Persia abundaban los manjares suntuosos de todo tipo, y las bebidas eran tan importantes como la comida. Los conocedores de vino de aquellos días eran muy parecidos a los miembros de clubes de vino de hoy día, donde se reunían los entusiastas para compartir su conocimiento y probar el producto de varias cosechas. En Persia, incluso los vasos para vino eran relevantes y muchas veces estaban hechos de oro puro.

Las celebraciones en el libro de Ester	
Ester 1:3-4	El rey Jerjes hace una celebración para los oficiales persas.
Ester 1:5-8	El rey Jerjes hace un banquete para los ciudadanos de Susa.
Ester 1:9	La reina Vasti hace un banquete para las mujeres de Susa.
Ester 2:18	El rey Jerjes hace un banquete en honor a su nueva reina, Ester.
Ester 3:15	El rey Jerjes y Amán brindan para celebrar el edicto contra los judíos.
Ester 5:4-8	Ester prepara un banquete para el rey Jerjes y para Amán.
Ester 5:12-14; 6:14-7:1	Ester prepara un segundo banquete para el rey Jerjes y para Amán.
Ester 8:17	Los judíos celebran haber sido librados de la complot de Amán.
Ester 9:17-22	Los judíos establecen un banquete anual para celebrar la aniquilación de sus enemigos.

1.EL RETRATO DE UN REY

En el primer capítulo, obtenemos un buen vistazo del rey Jerjes, y la imagen que pinta el autor nos da algún conocimiento sobre el carácter del rey.

✦• ¿Qué revelan los próximos versículos acerca del rey?

• Versículos 3-4

....

....

....

• Versículos 7-8

....

....

....

• Versículos 10-11

....

....

....

• Versículo 12

....

....

....

• Versículos 19-21

....

....

....

Eunucos

Los eunucos eran hombres castrados que servían en la corte persa. No tenían virtualmente capacidades sexuales, de manera que eran considerados dignos de confianza para servir en los harenes, para proteger a las concubinas y proveer para sus necesidades. Los eunucos de la corte podrían escalar a posiciones prominentes, algunos incluso servían como consejeros confiables del rey.

✦ Resume de qué manera se representa al rey Jerjes. Trata de describirlo en una o dos oraciones.

....

....

....

....

....

El imperio persa en la época de Ester[1]

2. BANQUETES DIGNOS DE UN REY (1:3-8)

El autor del libro de Ester nos da muchos detalles sobre la ubicación del segundo banquete del rey Jerjes, el banquete de siete días para los ciudadanos de Susa (mira los versículos 5-7). A medida que los invitados entraban al jardín del palacio del rey y encontraban sus lugares en la mesa del banquete, podemos imaginar que se sentían agradecidos del rey, y entre ellos hablaban de la extravagancia y magnificencia de su anfitrión. Lo mejor de todo es que a cada invitado se le permitía comer y beber lo que quisiera. En la mayoría de los banquetes reales de Persia, se les requería a los invitados que comieran y bebieran lo que tuvieran frente a ellos. Piensa en eso por un minuto. Nadie podía decir un respetuoso "no, gracias" ante una rodaja de cabra asada o a un plato de berenjena. Los invitados tampoco podían abstenerse del vino ni de otras bebidas alcohólicas. Sin embargo, en este banquete particular, el que era para los ciudadanos locales, el rey permitía que sus invitados escogieran y tomaran lo que quisieran consumir (versículo 8).

✦ De lo que hemos observado hasta ahora sobre el rey Jerjes ¿qué podría haberlo motivado a ser generoso con sus súbditos y a romper la regla de este banquete?

....

....

....

....

....

3.NO HAY LUGAR PARA UNA REINA (1:10-12)

En el último día del banquete del rey Jerjes, él les ordenó a los eunucos que lo servían, que fueran a llamar a la reina Vasti y la trajeran a su fiesta. Aparentemente, ella era muy hermosa, y el rey quería lucirla ante sus invitados. Sin embargo, la reina Vasti se negó a llegar.

No nos dicen por qué se negó, pero las costumbres antiguas nos dan una idea. Las reinas y las principales esposas asistían a estos banquetes suntuosos al lado de sus esposos, los anfitriones, pero después de que el vino había fluido y de que los invitados se habían emborrachado y estaban alborotados, las esposas se retiraban de la fiesta y las concubinas las reemplazaban, estas eran mujeres de menos estatura social cuyo llamado era exclusivamente para entretener al rey con música, danza y favores sexuales (aprenderemos más sobre ellas en la Semana 2). Aquí, en la fiesta del rey Jerjes, sabemos que el rey y sus invitados estaban ebrios; así que, dado el tiempo, podría ser que la reina Vasti se negó a obedecer la orden del rey porque se rehusaba a ser tratada como una concubina. Cualquiera que haya sido la razón, ella rechazó al rey.

✝ El autor nos dice que el rey convocó a la reina Vasti cuando su corazón estaba "muy alegre a causa del vino" (versículo 10). ¿De qué manera nos ayudan los siguientes pasajes de la literatura sabia de la Biblia a entender, partiendo de este detalle, algo más sobre el carácter del rey Jerjes?

• Proverbios 31:4-5

....

....

....

• Eclesiastés 10:17

....

....

....

✝ Con base a lo que hemos visto del rey Jerjes hasta ahora ¿por qué crees que la negación de Vasti lo enfureció?

....

....

....

....

4. EL DILEMA DEL REY (1:13-21)

La negativa de la reina Vasti a llegar a la fiesta es una pesadilla de relaciones públicas para el rey. A nadie se le permite negarse a sus órdenes, y ahora, su propia reina lo hizo. Así que el rey Jerjes les pide consejo a los sabios acerca de cómo manejar la situación. Estos sabios eran los consejeros reales. Ejercían en su corte de manera muy parecida al gabinete del presidente de Estados Unidos, ofrecían guía sobre estrategia militar y asuntos de estado.

Los sabios específicos se nombran aquí (versículo 14). Estos siete hombres conformaban el círculo íntimo del rey, cada uno de ellos eran príncipes en varias regiones del reino.

✦ En el versículo 14 se nos dice que los hombres sabios estaban sentados al lado del rey de manera que "vieron el semblante del rey". ¿Qué nos indica esto acerca de lo que guio a los sabios al aconsejar al rey?

....

....

....

....

✦ Uno de los sabios se llamaba Memucán. ¿Qué preocupaciones menciona en los versículos 16 al 18, y qué es lo que afirma? ¿Por qué crees que esta afirmación tendría un impacto poderoso en el rey?

....

....

....

....

✦ Memucán sugiere que el rey emita un decreto real ordenando que la reina Vasti sea excluida para siempre de la presencia del rey (versículo 19). Tales órdenes, una vez registradas en los libros de leyes de Persia, nunca podrían ser revocadas. La sugerencia de Memucán complace al rey Jerjes y emite el decreto ordenando que sea publicado a lo largo y lo ancho de todo el vasto reino. ¿Qué respuesta anticipada al decreto complejo al rey y a los príncipes (versículos 20-21)?

....

....

....

....

5. ¡SALVE EL REY!

Hasta ahora, nuestra historia tiene toda la creación de un libro exitoso: realeza, intriga política, hedonismo desenfrenado y una ruptura marital completamente pública. Al centro, en primera fila, está el rey Jerjes. Un estudio cuidadoso lo revela como un gobernante egocéntrico, ávido de poder e inseguro. Y aunque deleita a sus invitados con suntuosas viandas y vinos, podemos suponer que sus motivos tienen menos que ver con bendecir a sus súbditos que con asegurarse de tener su lealtad y de glorificar su propio nombre.

Piensa por un minuto en los judíos que vivían en Susa en esta época y que habrían asistido al banquete. Sin duda todos estos lujos persas no ayudaban en nada para estimular el deseo de volver a su propia patria. Sin embargo, entre ellos había algunos que podían detectar el carácter seriamente defectuoso de este rey que los gobernaba, y quizá esta realidad despertaba en sus corazones un anhelo por el hogar y por cómo habría sido la vida si hubieran estado bajo reyes que amaran al Señor Dios. Por otro lado, con el tiempo, aquellos reyes anteriores habían llegado a ser malos; por eso, el pueblo de Dios llegó a estar bajo el gobierno del rey Jerjes. Sí, los días gloriosos de Israel habían desaparecido hace mucho tiempo, tal como lo habían advertido los profetas, pero junto con esas advertencias, los profetas también habían proclamado la promesa de Dios: el mejor rey de todos está por llegar.

✦ ¿De qué manera este rey prometido es totalmente lo opuesto del rey Jerjes?

• Isaías 32:1-8

• Jeremías 23:5-6

· Zacarías 9:9

🔸 Lee el Salmo 2, un canto que el pueblo de Dios entonaba cuando estaba en Israel. ¿Cuál es la promesa en este salmo? ¿Cómo podría este salmo haber ayudado a los judíos a vivir bajo el gobierno persa?

6. EL MEJOR BANQUETE DE TODOS

El libro de Ester no es el único lugar en la Escritura donde se presentan los banquetes suntuosos. También los encontramos como invitaciones al reino de Dios.

🔸 ¿Qué puedes notar en las invitaciones de abajo que las hace tan superiores a los banquetes del rey Jerjes?

· Proverbios 9:1-6

· Isaías 55:1-3

· Juan 7:37-38

✦ Finalmente, todas las invitaciones a banquetes en la Biblia señalan a la invitación máxima: el banquete de la boda del Cordero; el cual es el banquete fundamental donde un día los creyentes comeremos con el Señor en la gloria. ¿Qué es lo que podemos anhelar allí?

· Isaías 25:6-9

· Apocalipsis 19:7-9

CONVERSEMOS

1. Es posible que te estés preguntando qué tiene que ver el enfoque de esta semana en el reinado con la vida real, con tu vida. Pero lo que te gobierna es realmente lo más importante acerca de tu vida. Todas nos inclinamos ante algo o ante alguien. Si no es al Rey Jesús, es al dinero, la belleza, o el placer de la clase que se muestra en Persia. No hay manera de escapar: si no estamos adorando al rey Jesús, estamos adorando a algo o a alguien más, y lo que sea, realmente no es nada más que un tirano enmas-

carado como un anfitrión generoso al igual que el rey
Jerjes. ¿Puedes identificar a alguien o a algo que saca de
tu vida al Señor? ¿Hay algo o alguien que tienta a decir:
"yo no permitiré que este rey, el rey Jesús, me gobierne"
(lee Lucas 19:14)? Si es así, identifica un paso práctico que
puedas dar esta misma semana para que puedas cambiar.

_____

_____

_____

_____

_____

_____

_____

2.El reinado en la Biblia no se trata solo de reyes verdaderos. Es principalmente sobre la autoridad. Todos vivimos bajo la autoridad de
otros en cada esfera de la vida. Como ciudadanos, estamos sujetos al
gobierno. Como miembros de la iglesia, estamos sujetos a la supervisión
de pastores y ancianos. Los empleados están bajo la autoridad de los
jefes, y a las esposas se nos llama a someternos al liderazgo amoroso de
nuestro esposo. ¿En qué área de la vida la sumisión es difícil para ti y
por qué? ¿De qué manera el conocer a Jesús como tu Rey de reyes te
ayuda en esa lucha?

_____

_____

_____

_____

_____

_____

UNA REINA INSÓLITA

ESTER 2:1-23

Dios tiene el control de todo. Siempre. Quizá no podamos ver su mano en acción en nuestras circunstancias, pero podemos estar seguras de que Él dirige nuestro curso en cada detalle. Es más, Él dirige el curso del mundo entero y trabaja en todo y en todos para los fines que Él tiene en mente. Eso es exactamente lo que se espera que entendamos del desarrollo de los eventos que suceden en Ester 2. Dios tiene un plan, y lo está llevando a cabo lenta y firmemente en Persia.

La divina providencia, su decreto guía, está activo en los lugares altos. Está activo en la corte del rey e incluso en sus emociones. Dios también está trabajando en las casas persas y en las calles de la ciudad de Susa. Aunque Dios no se menciona ni siquiera una vez en la historia, Él está obrando a través de los corazones de los líderes, a través de los rasgos hermosos de las mujeres jóvenes, y a través de los siervos calculadores. En todos los detalles comunes de la vida ordinaria en Persia, Dios está haciendo que sus propósitos sucedan

1. UN REY SIN REINA (2:1-4)

La inseguridad y la ira es una combinación mortal, lo cual vimos claramente por parte del rey Jerjes en la semana 1. La negativa de la reina Vasti en responder la convocatoria del rey no solamente lo llenó de ira, sino que también lo humilló. Así que en el calor del enojo y en el intento de calmar su ego herido, él hizo que la reina desapareciera de su presencia para siempre. Sin embargo, con el tiempo, las emociones rebeldes del rey se aplacaron, y su perspectiva cambió.

✦ Se nos dice que el rey Jerjes "se acordó de Vasti, de lo que ella había hecho y de lo que se había decretado contra ella" (versículo 1 - NBLA). Con base a la guía que los consejeros jóvenes dieron en el versículo 2, ¿qué clase de "recordatorio" era el que el rey estaba probablemente haciendo?

....

....

....

✦ Identifica cada uno de los cuatro pasos que los consejeros sugirieron en los versículos del 2 al 4.

1. ....

2. ....

3. ....

4. ....

Hemos analizado los eventos sucedidos desde la perspectiva del rey, pero pensemos ahora en las mujeres jóvenes de Persia. La primera parte del plan de la administración era una búsqueda, una búsqueda organizada para encontrar una reina nueva, y la cualidad principal de una reina nueva sería la belleza física. Una vez que las candidatas fueron identificadas, sacaron de sus casas a estas hermosas jóvenes y las llevaron al harem en Susa, donde vivirían bajo la autoridad del eunuco en jefe, Hegai. Las jóvenes mujeres no tenían opinión en el asunto, y lo más probable es que sus padres o guardianes, tampoco. Estas bellezas fueron forzadas a abandonar cualquier esperanza y sueño que pudieran haber tenido para sus vidas. Aun así, no hay duda de que algunas de las jóvenes mujeres disfrutaban estar entre las escogidas porque eso les daba la oportunidad de llegar a ser la siguiente reina. Para todas, excepto una; sin embargo, cualquier expectativa duraría poco.

2. MARDOQUEO Y ESTER (2:5-11)

En esta sección conocemos a Mardoqueo. Él es judío, uno de los del pueblo de Dios. El bisabuelo de Mardoqueo estuvo entre los que fueron llevados cautivos cuando Jerusalén cayó ante el rey Nabucodonosor de Babilonia. (Para un recordatorio breve, mira la página XX). Ahora bien, tres generaciones después, tenemos a Mardoqueo, un israelita descendiente de una familia élite, viviendo en Persia. Él está criando a una prima joven llamada Hadasa, pero esta joven judía es mejor conocida por su nombre persa, Ester, que significa "estrella". Más importante que el significado, es lo que el nombre representa: su identidad externa, en este momento, es quizá más persa que judía.

✦ Debido a su belleza, Ester estaba entre las jóvenes que reunieron y llevaron al harén del rey, donde a ella la trataban mejor que a muchas de las otras jóvenes. Según el versículo 9, ¿por qué la trataban tan bien?

_____

_____

_____

_____

_____

_____

_____

_____

Mardoqueo

Mardoqueo era descendiente de la tribu de Benjamín (Ester 2:5). El primer libro de la Biblia, Génesis, incluye la historia de Jacob y sus doce hijos, uno de los cuales era Benjamín. Los descendientes de estos doce hijos se convirtieron en las doce tribus de Israel.

_____

_____

✦ ¿Por qué ocultó Ester su identidad judía? ¿Qué es lo que probablemente indica este secreto acerca del lugar del pueblo de Dios, los judíos, en la sociedad persa de ese entonces?

_____

_____

_____

3. LA REALIDAD DE LA VIDA EN EL HARÉN (2:12-14)

Mardoqueo está preocupado por su joven protegida, así que él caminaba de un lado a otro, afuera del harén, todos los días con la esperanza de saber cómo estaba Ester. No tenía que haberse preocupado. Detrás las puertas cerradas, Ester participaba en un ritual de belleza que duraría doce meses. A muchos lectores del libro de Ester les gusta detenerse aquí e imaginar cuán grandioso debió haber sido eso. Y en alguna forma, probablemente lo era, pero lo más probable es que cambiemos de manera de pensar cuando entendamos un poco más acerca de este ritual de belleza y las realidades de la vida en el harén.

Las mujeres del harén persa

- Recibían educación
- Aprendían equitación y tiro con arco
- Participaban en expediciones de cacería
- Viajaban y asistían a banquetes
- Supervisaban a los sirvientes y a los trabajadores profesionales
- Adquirían riqueza

Primero, necesitamos dejar de lado la idea de que en el harén era un paquete de spa encantadoramente eterno que incluía todos los lujos, mimos y atenciones. Por supuesto, había fragancias encantadoras y música suave y tratamientos lujosos, pero las mujeres en el harén también enfrentaban peligro y antipatía. Eso era porque cada mujer competía contra todas las demás por el favor del rey, y cada una tenía solo una oportunidad para cautivarlo, solo una noche a solas con el rey.

En la noche señalada, cada joven "se le permitía elegir la ropa y las joyas que quisiera llevarse del harén" (versículo 13). Lo más probable era que cada una llevaba consigo ropas especiales y varias armas de seducción. No es necesario que nos andemos con rodeos sobre lo que está sucediendo aquí, porque definitivamente la Biblia tampoco lo hace. Estas noches se trataban solamente de complacer al rey, de tratar de intrigarlo y de encender su afecto con todo tipo de trucos sensuales del oficio.

Después de compartir la cama con el rey durante toda la noche, la joven era trasladada a una sección diferente del harén, el llamado segundo harén. Si su noche con el rey había sido un fracaso, si ella fallaba en deleitarlo, se quedaría escondida en este segundo harén, fuera de la vista del rey, durante el resto de su vida. A luz de todo esto, no hay duda de que el harén se caracterizaba por una competencia feroz, y a veces, despiadada.

En cuanto a esos tratamientos de belleza que parecen tan buenos, quizá lo eran. Se nos dice que cada mujer pasaba seis meses de tratamiento con aceite de mirra y, luego, seis meses con especias y ungüentos. Nos imaginamos cuán magnífica se vería nuestra piel después de eso, ¿verdad? Pero tenemos que darnos cuenta de que vivimos con adelantos científicos que las mujeres de esa época no tenían. Las jóvenes de Persia llegaban al harén en una era con conocimientos limitados sobre gérmenes y bacterias y condiciones médicas. Así que, muy probablemente, por lo menos algunos de esos tratamientos para la piel se aplicaban como remedios para la infección por hongos y otras enfermedades corporales que podrían haberle dado asco al rey, o en el peor de los casos, contagiarlo.

Ester ganó el favor de Hegai y la recompensaron con asistentes personales, comida deliciosa y alojamiento superior, y pasaba sus días recibiendo baños exuberantes y aprendiendo las artes de la seducción, todo mientras mantenía en secreto su identidad judía. El autor no juzga a Ester ni a su vida dentro del harén. De hecho, como veremos, el autor nunca habla de la moralidad de lo que Ester hace. ¿Cómo puede esto servirnos de guía para lo que pensamos de Ester?

4. LA NOCHE DE ESTER (2:15-17)

Finalmente, llega el momento para la noche de Ester a solas con el rey Jerjes, una noche para la que ella se había estado preparando durante muchos meses. Sus esfuerzos son recompensados pues el rey la encuentra fascinante. De hecho, se nos dice que él la ama. Le vienen a la mente recuerdos de la reina Vasti y le pone rápidamente una corona a Ester convirtiéndola en su nueva reina.

Se nos dice que Ester, mientras estuvo en el harén, "ganaba favor" ante los ojos de todos los que la veían (versículo 15) y, más adelante, que había "ganado gracia y favor" ante los ojos del rey. El favor que le mostraban a Ester era algo que ella había ganado. Con base a lo que hemos visto de Ester hasta ahora, ¿de qué manera logró ganar favor? (Es posible que quieras volver a leer los versículos 10 y 15).

Para celebrar a su nueva reina, Jerjes hace otro banquete, el cuarto en la historia, y manteniendo la tradición de las celebraciones, también les da a los ciudadanos persas una exención tributaria y les da regalos lujosos a sus súbditos.

✦ Al analizar la manera en que la historia se ha desarrollado hasta ahora,
¿cómo puedes identificar la mano de Dios en acción tras bambalinas,
guiando los pasos de la vida de Ester? Observa dónde puedes discernir
el avance de la mano de Dios.

· Rey Jerjes (1:5, 10–12, 21–22; 2:1, 4, 16–18):

· Reina Vasti (1;12.19):

· Los consejeros jóvenes del rey (2:2-4):

· Hegai, el eunuco (2:8-9, 15):

· Mardoqueo (2:5-7, 10-11):

¿De qué manera Proverbios 16:1, 9 y 21:1 refuerzan tu entendimiento de la obra de Dios en esta historia?

_____

_____

_____

_____

5. EN EL LUGAR CORRECTO Y EN EL MOMENTO CORRECTO (2:19-23)

En esta última sección de Ester 2, la escena pasa de Mardoqueo a Ester y regresa a Mardoqueo cuando sale a luz un complot para matar al rey Jerjes.

La escena se abre con Mardoqueo, quien está sentado a la puerta del rey. No debemos pensar que él estaba viendo pasar a la gente desde una silla cómoda; estaba, de hecho, muy ocupado. Los que cuidaban la puerta en aquellos días eran personas cuya colaboración era esencial para hacer avances importantes y quienes tomaban decisiones. Ellos solucionaban los problemas de la comunidad y tomaban decisiones sobre asuntos civiles y casos legales. ¿Qué indica la posición de Mardoqueo en la puerta sobre su lugar en la sociedad persa

_____

_____

_____

_____

Qué aprendemos de Ester, ahora la reina Ester, en el versículo 20? ¿Qué comunica esto acerca del lugar de Mardoqueo en su vida, aunque ella es ahora la reina del rey Jerjes?

_____

_____

_____

✦ ¿Cómo empezó el complot contra el rey?

✦ ¿Dónde ves la mano providencial de Dios en acción en esta escena de intriga política (versículos 19 al 23)? Toma en cuenta las muchas personas y los eventos que pusieron en marcha.

CONVERSEMOS

1. Al tomar en cuenta la realidad de la vida en el harén en la antigua Persia, no podemos evitar tener una apreciación nueva de las libertades que nosotras, las mujeres, tenemos hoy día. ¿Qué libertades en particular tendemos a dar por sentadas?

....

....

....

2. Por insistencia de Mardoqueo, Ester ocultó su identidad judía ante todos los del harén y en la corte del rey. ¿Alguna vez has ocultado tu identidad cristiana? Si es así, ¿en qué contextos? ¿A qué le temes?

....

....

....

....

....

....

3. Ester se ganó el favor de la gente, primero dentro del harén y luego, con el rey. ¿El favor de quién procuras y por qué? ¿Cómo intentas ganarlo?

....

....

....

....

....

....

UN HOMBRE MALVADO Y UN PLAN FATÍDICO

ESTER 3:1-15

Dentro de la historia, aparentemente de la nada, aparece un hombre llamado Amán. El rey Jerjes favorecía a Amán, lo cual hizo de él una estrella creciente en la administración del rey, y en poco tiempo, Amán se convirtió en una figura muy poderosa en Persia. De hecho, por decreto del rey, todos en Persia debían inclinarse ante Amán y tratarlo como de la realeza. Por lo que sabemos, la autoridad que Amán recibió era aceptable para los ciudadanos persas; después de todo, lo que el rey quería, eso obtenía, y darle honor a otro oficial más no era gran cosa. Sin embargo, para Mardoqueo sí era gran cosa. Mardoqueo se negaba a inclinarse ante Amán, una negativa que desató una crisis de vida o muerte para el pueblo de Dios.

1. UN VISTAZO EN RETROSPECTIVA (3:1-2)

"Tiempo después...", las palabras de apertura de Ester 3 nos dan una pista acerca de la razón por la que el rey puso muy rápidamente tanta confianza en Amán. Seguramente el rey Jerjes había sido sacudido por el complot en su contra, planeado por hombres en quienes pensó que podía confiar. Después de esta traición ¿en quién podría confiar el rey? Amán siempre estaba calmando el ego del rey y diciendo lo correcto, así que él parecía ser una buena elección.

No se nos dice con seguridad por qué el rey Jerjes puso tanta confianza en Amán, pero sabemos que Amán era un agagueo, lo que indica que era descendiente de un rey amalequita llamado Agag, quien trató de destruir al pueblo de Dios. El autor del libro de Ester quiere que nos percatemos de este detalle: Amán viene de una larga línea gente que odiaba a los judíos, a quienes se les llamaba amalequitas.

✦ Lee Éxodo 17:8-16, donde se describe una época cuando los ama-lequitas trataron de destruir al pueblo de Dios. ¿Qué decreta Dios respecto a los amalequitas en Éxodo 17:14-16?

_____

_____

_____

✦ Dios cumple algunos de sus decretos lentamente, con el paso del tiempo, y esto explica la razón por la que los amalequitas todavía estaban en escena y dando problemas siglos después, durante los días del primer rey de Israel, Saúl. Para lidiar con estos alborotadores, el Señor le ordenó a Saúl que llevara a cabo ese decreto de hacía mucho tiempo, desde el éxodo. Saúl debía destruir a los amalequitas, lo cual incluía al ancestro infame de Amán, el rey Agag. Lee 1 Samuel 15:1-33. ¿Cómo falló el rey Saúl en llevar a cabo el mandato del Señor? ¿Qué le pasó finalmente al rey Agag?

_____

_____

_____

_____

Amalec lucha contra Israel, y el Señor decide terminar con Amalec y su pueblo

↓

El Señor le ordena al rey Saúl destruir a Agag, el rey amalequita, y a todos los amalequitas, pero Saúl desobedece el mandato del Señor (1 Samuel 15:1-34).

↓

Amán, un descendiente del rey Agag, surge en los rangos políticos del Imperio persa (Ester 3:1)

2. ORGULLO Y PREJUICIO (3:3-6)

El trasfondo de Éxodo y 1 Samuel nos da pistas del porqué Mardoqueo se niega a honrar a Amán a pesar de la insistencia de los siervos del rey que se sentaban con él en la puerta de la ciudad. No se nos dice el porqué Mardoqueo se negaba a inclinarse ante Amán, pero la hostilidad que hubo entre los israelitas y los amalequitas durante generaciones es posiblemente una razón. Esta tensión sostenida por mucho tiempo podría explicar la razón por la que Mardoqueo finalmente les revela a sus compañeros cuidadores de la puerta que él es judío (versículo 4). Sin duda sus colegas cuidadores de la puerta estaban perplejos por su hostilidad hacia Amán y lo presionaron para que les diera una explicación.

✦ ¿De qué manera reaccionó inicialmente Amán cuando se dio cuenta de que Mardoqueo se negaba a honrarlo? ¿En qué otra parte de esta historia vemos una reacción similar? ¿Puedes identificar el parecido de estas ocasiones en cuanto a qué provocaba esta emoción en particular?

✦ ¿Cómo muestra el versículo 6 toda la extensión del odio que Amán tenía? ¿Hasta a quién se extiende?

....

....

....

Esta no era la primera vez, tampoco sería la última, que las conspiraciones diabólicas se han tramado en contra del pueblo de Dios. La primera conspiración sucedió en el huerto del Edén, instigada por la serpiente malvada, y han continuado desde entonces. ¿Ganará el mal? A veces definitivamente parece así. El mal parece triunfar mientras Dios parece lejano y oculto. Sin embargo, Dios siempre está presente y siempre tiene un plan.

3. EL SECRETO ESTÁ EN EL TIEMPO (3:7-11)

Se nos proporcionan algunas fechas y datos extraños al principio de esta sección (versículo 7), pero realmente es mucho más sencillo de lo que parece. Básicamente, lo que debemos ver es que Amán está apostando su tiempo, esperando la oportunidad correcta para poner en marcha su plan malvado. Para obtener una guía acerca del mejor momento para atacar, Amán recurre a una práctica mística, la cleromancia, que básicamente es como tirar los dados. La suerte (llamada pur, o el plural purim) se tiraba durante Nisán, el primer mes del calendario judío, y a medida que el proceso sucede, la suerte indica que el décimo segundo mes, Adar, sería el momento ideal para asesinar a los judíos. Entonces, Amán tiene que esperar once meses antes de que pueda implementar su malvada intención. Aun así, él da algunos pasos inmediatos.

✦ Amán empieza con una petición al rey Jerjes (versículos 8 y 9). ¿De qué manera presenta al pueblo de Dios, los judíos, en su solicitud?

....

....

....

....

✛ ¿Cómo atrae Amán el orgullo del rey Jerjes?

· versículo 8

....

....

....

....

....

· versículo 9

....

....

....

....

....

Calendario anual en la época de Ester

	Mes antiguo	Mes moderno
1er mes	Nisán	marzo – abril
2do mes	Lyar	abril – mayo
3er mes	Siván	mayo – junio
4to mes	Tamuz	junio – julio
5to mes	Av	julio – agosto
6to mes	Elul	agosto – septiembre
7mo mes	Tishrei	septiembre – octubre
8vo mes	Majershvan	octubre – noviembre
9no mes	Kislev	noviembre – diciembre
10mo mes	Tevet	diciembre – enero
11er mes	Shevat	enero – febrero
12do mes	Adar	febrero - marzo

✦ Los persas no fueron la única sociedad antigua que practicaba la cleromancia. Era una costumbre incluso en Israel cuando se necesitaba la guía de Dios. Lee Proverbios 16:33. ¿Qué información nos da ese proverbio sobre lo que está sucediendo aquí, en Persia?

....

....

....

✦ El rey Jerjes le da a Amán su anillo grabado, lo que indicaba que Amán tenía la aprobación del rey para su plan. Ahora, Amán tiene poder ilimitado para hacer lo que desea. Poseer el anillo grabado del rey era poseer la autoridad del rey mismo. ¿Qué hecho acerca del trasfondo de Amán se repite en el versículo 10, y qué debe enfatizar?

....

....

....

4. EL EDICTO MALVADO DE AMÁN (3:12-15)

Nisán, el mes en que Amán había echado las suertes, era cuando se celebraba tradicionalmente la pascua judía, y el día trece del mes, cuando Amán emitió su edicto para destruir a los judíos, era la víspera de esa celebración importante. La pascua conmemora la libertad de la esclavitud en Egipto que Dios le dio a su pueblo en la época de Moisés. El punto aquí es que el plan de Amán para borrar al pueblo de Dios se pone en marcha justo cuando los judíos se preparaban para celebrar la máxima y la más milagrosa liberación de su historia. (La pascua es un evento vitalmente relevante en la historia bíblica, así que sería útil incluir unos minutos adicionales para estudiar esta semana y aprender un poco acerca de esto en Éxodo 12:1-32).

✦ Describe la propagación del edicto de Amán. ¿Quién lo recibió, y qué tan lejos llegó?

....

....

....

....

✦ ¿Qué se usó para representar la autoridad detrás del edicto?

....

....

....

✦ ¿Cuáles instrucciones específicas se incluyeron en las cartas que acompañaban al edicto?

....

....

....

....

✦ Ester 3 termina con un contraste. Identifica el contraste y lo que comunica

· Rey Jerjes

....

....

....

· Amán

....

....

• Ciudadanos de Susa

CONVERSEMOS

1.La historia deja en claro, hasta ahora, que tanto el rey Jerjes como Amán anhelaban ser respetados, y que ambos se enfurecían fácilmente cuando les negaban el respeto. Atestiguamos la ira del rey cuando la reina Vasti se negó a obedecer su demanda, y ahora, el odio de Amán estalla contra todo un pueblo debido a que una sola persona se niega a inclinarse ante él. Su ira expone no solo la fragilidad y la inseguridad de poder retener el respeto que tanto desean, sino que también la inmensa profundidad que alcanza su anhelo. Los gobierna, dirige sus pasiones y sus planes. ¿Albergas tú un deseo fuerte, un anhelo, por el respeto? Si no es el respeto, ¿hay algún otro anhelo que tenga la tendencia de gobernarte, quizá un anhelo de amor o admiración? ¿Hay formas en que tratas de exigirlo por parte de las personas que te rodean, si es así, ¿cuál es el resultado típico?

2. El mal contra el pueblo de Dios se ha planeado desde que la serpiente venció a Adán y a Eva en el huerto del Edén. Tal vez no experimentamos los planes amenazantes que atentan contra la vida como tantos creyentes sufren alrededor del mundo, pero oímos sobre esos sucesos horribles, y nos preguntamos por qué Dios no interviene más abiertamente. ¿Qué te hace confiar cuando el mal parece triunfar, tal como sucede en la historia de Ester en este momento? Quizás te han rechazado o has sufrido pérdidas porque te identificas con Dios y con su pueblo. ¿Qué puede fortalecer tu fe cuando esto sucede? Tal vez quieras darle un vistazo a Mateo 10:27-31, a Juan 15:18-20 y 16:33.

_____

_____

_____

_____

_____

_____

PARA ESTA HORA HE LLEGADO

ESTER 4:1-17

Confusión: allí fue donde nos quedamos en nuestra historia al final de la semana pasada. Amán había logrado convencer al rey Jerjes de que era una buena idea destruir al pueblo de Dios, los judíos, por lo que se emitió un decreto que llegaría a todas las provincias cercanas y lejanas con orden de matar a todos los judíos al finalizar el año. Las noticias eran inquietantes, por no decir algo peor, y no solo para los judíos, sino para todos los ciudadanos que habitaban en la capital de la ciudad de Susa. Después de todo, los judíos y los persas habían cohabitado por años y aunque pudieron tener algunos roces étnicos, así como alguna desconfianza y desagrados, la vida cotidiana marchaba bastante bien. El decreto oficial en contra de los judíos eran un parteaguas, pues los persas recibían la orden de volverse en contra de los judíos, de quien muchos eran vecinos y amigos. De la noche a la mañana, la vida diaria se había convertido en una vida incierta y tenebrosa.

1. MARDOQUEO QUEDA EXPUESTO (4:1-3)

Mardoqueo también había cambiado. Cuando lo conocimos en la segunda semana, tuvimos la impresión de que prefería identificarse más como persa que como judío, al menos de forma pública. Por alguna razón había aconsejado a su joven protegida, Ester, a que mantuviera el secreto de su identidad judía. Además, poseía una posición respetada en la puerta del palacio y eso no podría haber sucedido, a menos que hubiera demostrado fervor por todo lo que era persa y lealtad para con el imperio. No obstante, en el momento en que Amán adquirió poder, Mardoqueo hizo pública su identidad judía.

Este era un auténtico riesgo para alguien en la posición de Mardoqueo. Para empezar, recuerda por qué el pueblo de Dios estaba viviendo en Persia: habían llegado como cautivos a la región unas décadas atrás. Por ello, no solo sentían roces contra los judíos por cuestiones étnicas, sino que también los veían como débiles e inferiores. Al reconocer su origen judío, Mardoqueo ponía en riesgo la posición de alta estima de la que gozaba en la puerta.

✦ Mardoqueo había cambiado su postura de ocultar su identidad judía (Ester 2) a anunciarla con sus colegas en la puerta de la ciudad (Ester 3), situación que vemos en Ester 4. ¿Qué más arriesga Mardoqueo en el versículo 2?

_____

_____

_____

✦ Hasta ese momento, el pueblo de Dios había estado bastante bien en Persia. Recordemos que algunos habían regresado a Jerusalén, su tierra natal, pero muchos permanecieron ahí. No se nos explica la razón, pero podría ser que un viaje de regreso a Jerusalén hubiera significado dejar atrás todas las comodidades persas y, al contrario, ser parte de la difícil tarea de reconstruir todo lo que había sido devastado años atrás. Quizás esa fue la razón por la que era más fácil quedarse. Entonces, seguro algunos llegaron a la conclusión de que no había tanto problema vivir como judíos entre los persas. Sin embargo, todo cambió de la noche a la mañana. ¿Cómo reaccionaron los judíos ante este decreto?

_____

_____

Para mostrar dolor en ese tiempo, las personas no solo lloraban y ayunaban, sino que también rasgaban sus vestimentas y se cubrían con cenizas. En realidad, el plan malvado de Amán fue causa de gran amargura, pero el derramamiento de emociones en esta situación, seguramente se evidenció más que solo con lágrimas y vestiduras rasgadas. En el cuadro a continuación, anota otras situaciones por las que el pueblo de Dios atravesaba por duelo y cuál era el resultado de ello.

Persona que sufría el duelo	La razón del duelo	Actividades del duelo	Resultados del duelo
El rey David (2 Samuel 12:15-24)	El juicio pendiente de Dios para el pecado de David	•Ayuno •Oración pidiendo ser liberado del castigo	Aceptar la voluntad de Dios
El pueblo infiel de Dios (Joel 2:1-2; 12-13)			
Los cristianos (Santiago 4:4-10)			

¿Cuáles son nuestras conclusiones de estos pasajes que nos dan una mejor idea del luto que se vivía en Susa?

2.EL DILEMA DE ESTER (4:4-11)

Mientras tanto, Ester ha estado solo en el palacio del rey, ajena del horrible destino que han planificado para su pueblo.

✦ ¿Qué angustió a Ester y qué hace al respecto, según el versículo 4?

....

....

....

✦ La preocupación de Ester se profundiza cuando Mardoqueo rechaza su intento de ayudarlo. Llama a uno de los eunucos, Hatac, y le ordena que vaya y averigüe por qué Mardoqueo está en aflicción. Mardoqueo lo puso al tanto y lo envía de regreso a Ester con una petición. ¿Qué quería Mardoqueo que hiciera Ester?

....

....

....

✦ ¡Hatac está atrapado en el medio! Traslada a Ester toda la información que Mardoqueo le dijo, el gran dilema que enfrenta el pueblo de Dios, pero Ester envía de regreso a Hatac para que le indique cuál es el dilema que ella enfrenta. ¿Cuál es el dilema de Ester y por qué se preocupa?

....

....

....

3. DIOS CUMPLE SUS PROMESAS (4:12-14)

Mardoqueo escucha el relato con el dilema de Ester; sin embargo, el riesgo que ella enfrenta no cambia su pensamiento. Está seguro de que lo mejor es que Ester se acerque al rey e interceda por el pueblo judío. Entonces, nuevamente envía a los mensajeros con una última palabra para Ester.

✦ El primer punto en la última comunicación de Mardoqueo busca abrir los ojos de Ester a una realidad específica (versículo 13). ¿Cuál es?

_____

_____

_____

✦ ¿Cuál es la confianza que expresa Mardoqueo en el versículo 14?

_____

_____

_____

✦ El autor de nuestra historia no nos explica por qué Mardoqueo siente tanta confianza, pero el hecho de que tenga confianza indica que la vida en Persia no ha logrado que olvide las promesas de Dios. ¿Qué promesas ves en el pasaje a continuación? ¿Para quiénes fueron esas promesas y quién recibe las bendiciones prometidas?

	¿Cuál es la promesa y para quién?	¿Quién recibe la bendición?
Génesis 12:1-3		

	¿Cuál es la promesa y para quién?	¿Quién recibe la bendición?
2 Samuel 7:8-16		
Isaías 43:1-7		

✢ Pensando en conjunto ¿cómo estos pasajes del cuadro anterior fundamentan la confianza de Mardoqueo?

_____

_____

_____

_____

_____

_____

✢ Mardoqueo confiaba en la liberación de Dios, pero no sabía cómo se llevaría a cabo. Lee Gálatas 1:3-4 y Colosenses 1:13. ¿Cómo estos pasajes nos muestran las palabras de confianza de Mardoqueo que sí se cumplieron?

_____

_____

_____

_____

Mardoqueo confía en la liberación de los judíos, pero advierte a Ester que, si decide no oponerse, ella misma perecerá junto con el legado de su familia. La advertencia de Mardoqueo parece confusa al principio. Si los judíos serán liberados, ¿por qué Ester no estaría incluida? Quizás se refería a que la promesa de Dios sobre la liberación abarcaba el pueblo judío como un todo; es decir, Dios no había prometido que sobreviviría cada uno de los habitantes del pueblo judío. Quizás Mardoqueo estaba pensando en la muerte espiritual, en lugar de la muerte física. En otras palabras, si Ester se niega a tomar este riesgo, estaría enemistándose con el pueblo de Dios y con Dios mismo.

🌿 Mardoqueo finaliza esta última petición a Ester con una pregunta, algo que debe sopesar al momento de analizar el riesgo que tiene frente a ella (versículo 13-14). ¿Qué busca Mardoqueo que Ester comprenda de sí misma, y más aún, qué quiere él que ella comprenda acerca de Dios?

4. LA ELECCIÓN DE ESTER (4:15-17)

La petición de Mardoqueo se clava en el corazón de Ester, por lo que toma una decisión. Arriesgar su vida por su pueblo, los judíos. Entrar sin invitación ante la presencia del rey era un acto prohibido y podría significar la muerte misma, a menos que el rey estuviera de ánimo para mostrar su favor sobre el intruso. Claro que Ester está temerosa, porque, aunque el rey ha disfrutado en su compañía en otras ocasiones, pareciera que su interés ya no es el mismo de antes, y quizás por eso no la ha convocado durante todo un mes. Cuando ella se presente ante el rey, ¿la verá como una esposa amada o como un fastidio?

🌿 Como preparación para presentarse ante el rey, Ester decide ayunar. ¿A quién incluyó en el ayuno? ¿Qué muestra su iniciativa acerca de su lealtad?

✤ Ester está plenamente consciente y es realista acerca del riesgo que está tomando. ¿Qué dice Ester que nos confirma esto?

> *"Ahora mi alma se ha angustiado; y ¿qué diré: 'Padre, sálvame de esta hora'? Pero para esto he llegado a esta hora. Padre, glorifica tu nombre. Entonces vino una voz del cielo: Y le he glorificado, y de nuevo le glorificaré". [...] "Ya está aquí el juicio de este mundo; ahora el príncipe de este mundo será echado fuera. Y yo, si soy levantado de la tierra, atraeré a todos a mí mismo". (Juan 12:27-32)*

En los primeros versículos de Ester 4 vimos los cambios en Mardoqueo, y al final, es más que evidente que los cambios son incluso mayores en Ester. Esta joven que estaba acostumbrada a tomar la vía de la menor resistencia se ha convertido en una mujer más madura que está dispuesta a sacrificar su propia vida por el bien del pueblo de Dios.

✤ Hemos podido apreciar que Mardoqueo tenía confianza en la liberación porque Dios había prometido que preservaría a su pueblo para siempre.

Mardoqueo no tenía la imagen clara de cómo Dios cumpliría su promesa, pero nosotros sí la tenemos: Dios cumplió su promesa por medio de Jesús. Como Ester, Jesús estaba dispuesto a morir para salvar al pueblo de Dios; sin embargo, él hizo mucho más de lo que Ester hubiera podido hacer. Lee las palabras de Jesús en Juan 12:27-28. Específicamente, ¿qué encuentras en la última sección de Ester 4 que antecede las palabras de Jesús en el pasaje de Juan?

....

....

....

....

CONVERSEMOS

1.Desde el inicio hasta este capítulo, tanto Mardoqueo como Ester han estado viviendo dos identidades separadas. Eran judíos de nacimiento, pero habían estado viviendo como persas. Debido a que habían minimizado su legado judío y habían adoptado la cultura persa con todo su corazón, tanto Ester como Mardoqueo habían prosperado de una manera maravillosa. ¿Estás tentada a vivir con más de una identidad? Si es así, ¿qué has ganado o qué esperas ganar? Analiza cómo el pasaje de 1 Juan 2:15-17 nos habla a todos de este problema, y cómo habla a tu vida de forma directa.

....

....

....

....

....

....

2. Ester responde al peligro que enfrenta con gran valentía: "si tengo que morir, moriré" (versículo 16). Como Ester, a veces nos encontramos en situaciones que requieren audacia y valentía. Tal vez se trata de lanzarnos a un camino específico donde la obediencia tendrá un alto costo, o tal vez se trate de compartir abiertamente nuestra fe. Describe una ocasión en la que te hayas levantado en valor como Ester. ¿Qué sucedió? ¿Pudiste identificar la mano liberadora de Dios en esa situación?

....

....

....

....

....

....

....

AUGE Y CAÍDA

ESTER 5:1-14

Sin duda, Ester se sentía débil después de hacer un ayuno de tres días. No se nos explica cómo se sentía Ester en realidad, pero podemos estar seguros de que, si buscaba al Señor en su tiempo de ayuno, era la fuerza de Dios la que la sostenía mientras hacía los preparativos para acercarse a su esposo, el rey Jerjes. Hasta ahora, Ester había sido una joven obediente, deseosa de complacer a otros y de ganar su favor. No obstante, ahora se percibe en ella confianza, un buen tino de asertividad y también prudencia para elegir el mejor momento. Cuando lees el capítulo te das cuenta del cambio que se va desarrollando en Ester a medida que la historia avanza.

1. EN PRESENCIA DE LA REALEZA (5:1-5)

Al tercer día, después de haber terminado el ayuno, Ester se prepara para ver al rey y usa las "vestiduras reales" para dirigirse con valentía al palacio, en donde encontraría al rey Jerjes sentado en su trono. Muy poco se conoce acerca de las vestimentas de las mujeres en la antigua Persia, pues las mujeres vivían recluidas la mayor parte de su vida. Sin embargo, sabemos que los hombres persas de la realeza se vestían de color púrpura, entonces suponemos que las reinas también se vestían de ese color. El púrpura era símbolo de nobleza en el antiguo Israel también, y en la Biblia, el color púrpura se relaciona con dos mujeres de carácter noble:

la mujer virtuosa de Proverbios 31 (versículo 22) y Lidia, la comerciante de tela púrpura en Hechos 16:13-15.

✦ ¿Por qué crees que Ester eligió usar las vestiduras reales para presentarse ante el rey?

....

....

....

....

El rey extiende su cetro real y Ester se acerca y toca la punta del cetro. Un cetro es un tipo de indumentaria que llevan los monarcas en la mano y que simboliza poder y autoridad. El cetro del rey Jerjes era de oro. No tenemos la explicación de por qué Ester tocó el centro, pero quizás fue una forma de conectarse con el rey, realeza con realeza. Ester había llegado en sus vestidos reales, no se trataba de una concubina desconocida, ¡sino de la reina de Persia! Ella se vistió como quería que el rey la viera, incluso que la viera antes de abrir la boca para hablarle. Por cómo le dice "reina Ester" y por la reacción que tiene hacia ella, pareciera que Ester dio en el blanco con su intuición de cómo acercarse, pues le funciona como lo esperaba.

✦ ¿Qué le ofrece el rey Jerjes a Ester?

....

....

....

La respuesta de Ester a la oferta del rey parece sorprenderle al principio. ¿Por qué no aprovecha esta oportunidad de oro para salvar la vida de su pueblo, los judíos? El rey había jurado darle lo que ella quisiera, entonces, tendría que perdonar la vida de los judíos o perdería el respeto de su gente. El rey Jerjes había abierto la puerta de par en par para que Ester intercediera por la vida de su pueblo. Sin embargo, Ester toma otro enfoque.

✦ ¿Qué le dice Ester al rey?

....

....

....

El movimiento de Ester fue astuto. Sabía por experiencia que el rey Jerjes tenía un ego frágil y que podía ser manipulado con facilidad. Si hubiera expuesto su petición verdadera con premura, el rey hubiera otorgado conceder su petición, pero después, sus asesores también hubieran podido convencerlo con facilidad de no proceder. Entonces, Ester gana más tiempo con su esposo para restablecer esa conexión y confianza, y lo invita a cenar, al igual que a Amán, la mano derecha del rey.

2. EL PRIMER BANQUETE DE ESTER (5:6-8)

El rey y Amán habían quedado más que satisfechos con el banquete que dio Ester y disfrutaban del vino después de la cena. Sin duda, en estos momentos el rey se sentía con curiosidad. Sabía que Ester había arriesgado su vida al entrar a su palacio ese día, algo que no hubiera hecho solo por tener la oportunidad de cenar con él. Entonces, el rey presiona a Ester para que le exprese lo que pasa por su mente.

✦ ¿En qué se diferencia la respuesta que Ester dio al rey en los versículos 7 y 8 con la que le dio antes en el versículo 4? Anota las diferencias que veas.

....

....

....

....

3. EL RETRATO DE UN TONTO (5:9-14)

En esta sección, los reflectores están sobre Amán y logramos ver un poco de su vida, y también un poco de su corazón. Abandona el banquete de Ester con ánimo triunfante. Cómo no estarlo, si fue el único hombre al que habían invitado aparte del rey y se sentía mucho más confiado y seguro de pertenecer al círculo más cercano del rey.

✦ ¿Qué perturba el ánimo de Amán tan repentinamente y cómo cambia?

_____

_____

_____

✦ Mardoqueo sí que logró afectar a Amán. La biblia dice que Amán "se contuvo y se fue a su casa" (versículo 10). ¿Qué hace al llegar a su casa?

_____

_____

_____

✦ ¿Qué le dice Amán a sus amigos y familia en los versículos 12 y 13? ¿De qué manera las palabras de Amán revelan lo que hay en su corazón con respecto a lo que más le importa?

_____

_____

_____

✦ ¿Qué conclusiones puedes pensar de Amán con base en los siguientes proverbios?

· Proverbios 14:29

• Proverbios 29:10

• Proverbios 29:11

✦ ¿Qué aprendemos en esta sección sobre Zeres, la esposa de Amán?

El decreto contra los judíos no entró en vigor de inmediato, faltaban varios meses, por lo que a Zeres se le ocurre una idea. ¿Por qué esperar todo ese tiempo para que muera Mardoqueo? Zeres, con el respaldo de sus amigos y familia, comparte un plan detallado para colgar al molesto judío. Describe una horca que sería lo suficientemente alta para que todos en la ciudad fueran testigos del destino de Mardoqueo. Esta sería una valiosa lección de lo que les pasa a aquellos que rechazan inclinarse ante Amán.

✦ Resume cómo la mano oculta de Dios obra en las personas en este capítulo para seguir con la historia. Anota quiénes son propiciadores y quiénes responden de forma pasiva.

· Ester:

· Rey Jerjes:

· Amán:

· Zeres:

CONVERSEMOS

1. La comentarista Karen Jobes resume nuestra perspectiva de Ester en este capítulo: "Ester asume la dignidad y el poder de su posición real solo después de que reclama su verdadera identidad como una mujer de Dios". Aquí vemos un principio para nuestra vida. ¿Cómo se ha transformado tu vida, cómo te has transformado tangiblemente, al identificarte como seguidora de Cristo?

....

....

....

....

....

....

....

2. Zeres, la esposa de Amán, incitó a su esposo a darle rienda a sus deseos pecaminosos y cometer una gran maldad. Esta no es la primera vez en las escrituras en las que una esposa incita al esposo a pecar. La esposa de Job le aconsejó que pecara (Job 2:9) y la malvada reina Jezabel hizo lo mismo con su esposo, el rey Acab (1 Reyes 21:1-16). Estas esposas violaron el diseño de Dios para el matrimonio, el cual incluye un porcentaje de la edificación mutua entre esposo y esposa. Este mismo principio puede ponerse en práctica en todas las relaciones, pues como el apóstol Pablo escribe: "No empleen un lenguaje grosero ni ofensivo. Que todo lo que digan sea bueno y útil, a fin de que sus palabras resulten de estímulo para quienes las oigan" (Efesios 4:29). ¿Cómo usas tus dones personales: tu mente, talentos, energía, educación, intuición y discernimiento espiritual para edificar tus relaciones? ¿Cómo y cuándo te ves tentada a usar esos dones para derribar, en lugar de edificar?

....

....

....

....

....

EL PEOR DÍA DE AMÁN

ESTER 6:1-14

Vuelta tras vuelta en la cama... era una de esas noches en las que el rey Jerjes no podía dormir. Gracias al historiador Heródoto, sabemos que no era la primera vez que el rey sufría de insomnio. Sin importar cuál era el origen (tal vez fue indigestión por la abundante comida en el banquete de Ester, o tal vez bebió mucho vino) y sin importar la causa, el rey Jerjes no podía dormir. Era muy probable que la reina Ester era la causa del insomnio de esta noche específica. El rey sabía que su esposa se sentía atribulada por algo. Claro que sí, había arriesgado su vida para llamar su atención y pedirle un favor. Sin embargo, ¿qué clase de favor era necesario tratar en una cena? ¡Algo había detrás! Después de la cena, el rey la animó a que le contara, pero nuevamente, ella lo aplazó con la promesa de celebrar otro banquete. Prometió que después de la segunda cena le diría cuál era su deseo. Era todo un misterio, ¡seguro que por eso no podía dormir!

1. UNA NOCHE EN VELA (6:1-3)

La historia de Ester empieza a cambiar por lo que sucede en el versículo 1: "Esa noche el rey no podía dormir". Sin importar cuál era la causa del insomnio del rey, la mano providencial de Dios controlaba la situación.

✦ De los siguientes pasajes, ¿cómo profundizan nuestra comprensión de la obra de Dios en los detalles aparentemente fortuitos de la vida (no solo en la vida de los reyes, sino en la nuestra también)?

· Salmo 139:15-16

....

....

....

· Proverbios 16:1

....

....

....

· Proverbios 16:9

....

....

....

· Proverbios 19:21

....

....

....

· Proverbios 20:24

....

....

....

· Proverbios 21:1

....

....

• Hechos 17:24-28

• Romanos 11:36

Heródoto

Heródoto era un erudito e historiador griego que seguramente provenía de una familia de la alta sociedad. Su obra más famosa, Las Historias, nos presenta relatos de los primeros años de la vida del imperio persa. Heródoto vivió entre los años 484 a 425 a. C., tiempo que coincide con el tiempo de Ester, Mardoqueo y el mandato del rey Jerjes.

• Colosenses 1:16

✦ En lugar de estar dando vueltas y vueltas en la cama, el rey hizo lo
que muchos de nosotros hacemos cuando no podemos dormir: decidió
leer. Fue específico y pidió que le trajeran "el libro de la historia de
su reino", en donde se registraban todos los hechos importantes en
Persia. El libro era una bitácora de personas, lugares, pagos y recom-
pensas. ¿Qué descubrió el rey Jerjes cuando leía?

....

....

....

Durante ese tiempo, cuando era común que las personalidades de autoridad
pasaran por derrocamientos o asesinatos, era fundamental recompensar a
aquellos ciudadanos que realizaran actos patrióticos que beneficiaran al rey.
Honrar a los ciudadanos fieles aseguraba su lealtad. Así que a medida que
amanece, el rey se perturba con toda razón porque se da cuenta de un descuido.

2. AUGE Y CAÍDA (6:4-11)

De nuevo volvemos a ver la mano de Dios a medida que el día se acerca.
Cuando el rey Jerjes se entera del heroísmo que demostró Mardoqueo
y que quedó sin recompensa, desea remediar el descuido lo más pronto
posible, así que busca de algún asesor confiable que lo pueda orientar.

✦ ¿En qué punto ves que la providencia de Dios guía los acontecimientos
que se desarrollan en esta escena?

....

....

....

✦ ¿En qué forma ves distorsionada la percepción que Amán tiene de sí mismo? ¿Cómo se refleja esta distorsión cuando describe la forma en que debiera honrarse a un héroe cívico (versículo 7-9)?

....

....

....

....

✦ ¿Por qué pensaría Amán que la orden del rey en el versículo 10 es simplemente lo peor que le podría pasar?

La providencia de Dios
Las obras de la providencia de Dios son su santa, sabia y poderosa preservación y gobierno de todas sus criaturas, a las cuales ordena, así como a todas las acciones de ellas, para su propia gloria. -La Confesión de Fe de Westminster

3. SIN SALIDA (6:12-14)

El tocar de trompetas había terminado. Mardoqueo regresó a su puesto en la puerta del palacio, mientras que Amán volvió a su casa.

◆ En esta sección, vemos que Amán se apresura a regresar a su casa. Vemos que desde este capítulo que acabamos de ver, su ritmo vida ha empezado a cambiar. Anota en cada caso a continuación, qué provocó que Amán se apresurara.

- 5:4-5

....

....

....

- 6:10

....

....

....

- 6:12

....

....

....

- 6:14

....

....

....

✦ ¿Cuál es la impresión que el autor del libro de Ester está tratando de
dar?e?

....

....

....

....

Al regresar a casa, Amán derrama su humillación ante su esposa, Zeres
y sus amigos. Se dan cuenta de algo que Amán no logra ver todavía: los
judíos, el pueblo de Dios, parecen estar protegidos por una mano invisible
pero poderosa.

✦ De acuerdo con los consejeros de Amán, ¿qué piensan que sucederá
y, de hecho, ya está sucediendo?

....

....

....

....

✦ ¿Qué diferencia ves en la forma en la que Amán llega a la corte del rey
al principio del capítulo (versículo 4) y cómo llega al final del capítulo
6 de Ester (versículo 14)?

....

....

....

....

CONVERSEMOS

1.Si alguna vez has pasado por una noche de insomnio, es probable que conozcas el inquietante sentimiento de soledad y los pensamientos de ansiedad que caracterizan esas horas. Sin embargo, son los sucesos ordinarios y comunes de la vida diaria, y con frecuencia los más frustrantes, los que Dios usa para sus propósitos. Así fue como pasó con el rey Jerjes, así sucede con nosotras. ¿Puedes ver en tu pasado un suceso que aparentemente estaba aislado en tu vida y te has dado cuenta ahora de cómo Dios estaba obrando ahí?

....

....

....

....

....

....

2.Los persas no sabían qué hacer con estos extranjeros, los judíos, que se habían instalado en medio de ellos. Al ser cristianos, ¿cómo nos perciben las personas no creyentes con las que vivimos? ¿Cómo aportamos a su perspectiva de Dios según la forma en que vivimos cada día en nuestras casas, escuelas, oficinas y comunidades?

....

....

....

....

....

....

¡EXPUESTO!

ESTER 7:1-10

Comida, vino, música suave llenando el entorno y una charla amena; sin duda el orgullo herido de Amán se había mitigado para cuando el segundo banquete que ofrecía Ester llegaba a su fin. Y el rey Jerjes, impaciente por conocer el deseo de la reina Ester, vuelve a pedir una respuesta. Empieza a hablar ya liberado por el vino y vuelve a preguntar: "dime lo que desees, reina Ester. ¿Cuál es tu petición?". El momento llegó. Ester no puede ocultarlo más. Y desde este momento, cada uno de los sucesos avanzan con gran rapidez, incluso con más rapidez que el estudio de la semana pasada cuando vimos que Amán corría de un lado al otro.

1. LA VERDAD REVELADA (7:1-6)

El rey Jerjes desea saber la razón por la que Ester preparó dos banquetes para él y para su funcionario más importante, Amán. Y para incentivarla a hablar, vuelve a darle la promesa que le había dado antes de darle incluso la mitad de su reino.

✦ En el versículo 3, Ester empieza a derramar su corazón. ¿Qué descripciones menciona en su respuesta al rey y qué le pide?

....

....

....

....

✦ ¿Qué empieza a exponer Ester en el versículo 3?

....

....

....

Ester revela el plan que se ha trazado contra los judíos en el versículo 4 y cuando habla de que los judíos han sido "vendidos", pone al descubierto la primera oferta que Amán le hizo al rey (lee Ester 3:9), la cual claramente es un soborno.

✦ Revisa las palabras que Ester eligió con tanto cuidado en los versículos 3 y 4, y resume las diferentes formas en las que apela al orgullo del rey.

....

....

....

✦ En la respuesta indignada del rey a la petición de Ester es evidente que sabía muy poco del decreto de Amán en contra de los judíos. El rey solo colocó su sello en el decreto cuando su asesor de confianza se lo pidió, porque parecía que al hacerlo estaba defendiendo sus mejores intereses y debía dar su aprobación. Sin embargo, no se tomó la molestia de investigar a quiénes realmente afectaría ese decreto. Incluso aquí, en el versículo 5, tampoco pide detalles. Entonces, ¿por qué el rey está tan indignado?

....

....

....

Casi sentimos pena por Amán, pues nos imaginamos el horror que sintió al quedar expuesto de una forma tan repentina. También descubrió algo de lo que no tenía conocimiento con anterioridad: la reina Ester es judía y por esa razón, ella se encontraba entre los condenados a muerte por este decreto. Amán tampoco sabía acerca de la relación cercana que la unía con Mardoqueo.

2. TODO LO QUE SUBE, TIENE QUE BAJAR (7:7-10)

El rey Jerjes se tambalea, pero no por el vino, sino por la impactante revelación que le ha dado Ester. Amán, el asesor de confianza que había elegido, lo había manipulado en un plan que provocaría ¡la muerte de su misma reina! (Claro está que el rey no sabe toda la historia: Amán tampoco sabía de la identidad judía de Ester). El rey está tan disgustado que abandona la sala de banquetes y deja ahí a Ester y a Amán.

En estos momentos, Amán tiene todas las de perder. Se arriesga a encender todavía más la ira del rey al quedarse en esta sala porque, en la cultura persa, ningún hombre podía quedarse a solas con la mujer del rey o sus concubinas, excepto el propio rey. Esto indica, que, según la costumbre, en el momento en el que el rey se levantó, Amán debía haberse ido también. Por el otro lado, marcharse le haría parecer culpable y parecería que huía para evitar enfrentarse a las acusaciones de Ester.

✦ ¿Qué es lo que el rey Jerjes ve cuando sale al jardín del palacio y cómo lo interpreta?

_____

_____

_____

_____

✦ Cubrieron la cara de Amán, lo que significaba que estaba condenado; y unos segundos después, Harbona, el eunuco, habla con el rey. ¿Qué insinúa Harbona y cómo habla de Mardoqueo?

_____

_____

Harbona tiene un lugar privilegiado en la corte real, pues es uno de los eunucos que sirve en la presencia del rey. Esta es la segunda vez que Harbona se presenta en nuestra historia. Asistió al banquete que el rey Jerjes ofreció a los ciudadanos de Susa y fue uno de los encargados de llevar a la reina Vasti cuando el rey quería exhibirla. Dada su posición tan cercana al rey, seguramente Harbona conocía bien los asuntos del estado persa y del mismo rey. Cuando pensamos en el consejo que le dio al rey y la forma en que se lo formuló, ¿qué podemos suponer sobre su perspectiva de la situación y de las personas implicadas? ¿Era esta misma perspectiva la que compartían otras personas cercanas al rey?

¿Qué calmó finalmente la ira del rey?

Cuando leemos que Amán fue colgado en la horca, lo más probable es que nos imaginemos una cuerda con un lazo al otro extremo, colgando de un alto poste. Sin embargo, cuando se colgaba a un criminal en la antigua Persia, lo normal era que no se le pusiera la soga al cuello, sino que se le clavara una estaca en el torso de abajo hacia arriba. Era una forma espantosa para morir. No sabemos con exactitud cómo fue ejecutado Amán, ni necesitamos saberlo. Lo que el autor quiere que veamos es el rápido ascenso político de Amán y su caída, la que, gracias a la mano invisible de Dios, también fue una caída rápida, ensombrecida por la mano oculta de

Dios, por supuesto, que es la que gobierna cada detalle de la historia que se desarrolla.

Pues Dios escogió salvarnos por medio de nuestro Señor Jesucristo y no derramar su enojo sobre nosotros. Cristo murió por nosotros para que—estemos vivos o muertos cuando regrese—podamos vivir con él para siempre (1 Tesalonicenses 5:9-10).

¿Qué luz arrojan los siguientes pasajes sobre la presencia de Dios en el libro de Ester hasta este punto de la historia?

• Deuteronomio 32:39

• Job 42:1-2

• Salmo 75:6-7

• Daniel 2:20–22

....

....

....

• Romanos 13:1

....

....

....

Lo último que nos relate el capítulo 7 de Ester es que después de que atravesaron a Amán con el poste, la furia del rey se calmó. El autor de Ester no podía saber hasta qué punto el relato nos profetizaba algo mucho más grande. Al igual que Amán, Jesucristo fue levantado, no en una horca, sino en una cruz. La diferencia con Amán es que Jesús fue condenado por una culpa que no era suya. Pagó por nuestro pecado, la culpa de todo el pueblo de Dios en todas las épocas y para todos los tiempos. Una vez que la obra de Cristo estuvo consumada en la cruz, la justa ira de Dios contra nuestro pecado se aplacó, al igual como pasó con la ira del rey Jerjes.

....

*Amán buscaba aniquilar al pueblo de Dios y
perdió su propia vida. Jesús murió por el pueblo
de Dios y ganó la vida eterna para ellos*

....

✦ A pesar del poderoso ruego de Ester y de la desaparición de Amán en este capítulo, el malvado plan que había puesto en marcha sigue en pie. ¿Qué peligro sigue todavía atemorizando al pueblo de Dios?

....

....

....

CONVERSEMOS

1.Haz una reflexión en el plan de Ester de poner en evidencia a Amán y los medios que usó para cumplir con el plan. ¿Puedes percibir cierta sabiduría femenina en el acercamiento de Ester? ¿Cómo manejas las crisis o las circunstancias personales en las que necesitas ayuda desesperadamente?

....

....

....

....

....

2. Amán era tan arrogante que cayó de forma directa en la trampa de Ester. El orgullo nos ciega a la realidad, sobre todo a la realidad acerca de nosotros mismos. El orgullo de Amán fue su caída y lo pagó con su vida. Podemos imaginarnos el terror que sintió en las últimas horas de su vida. ¡En ningún momento quisiéramos saber en carne propia lo que se siente! No obstante, todas nos enfrentamos al orgullo de una forma o de otra, incluso cuando buscamos crecer en humildad. De acuerdo con 1 Pedro 5:5-8, ¿cómo podemos ser humildes?

....

....

....

....

....

....

....

UNA GRAN REVERSIÓN

ESTER 8:1-17

En la corte real se ha restaurado la paz, al menos por el momento. Amán ha sido ejecutado, lo que significa que la reina Ester ya no está bajo amenaza. Sin embargo, todavía queda una amenaza mucho mayor: el decreto emitido contra los judíos. En el término de ocho meses, el pueblo de Dios será aniquilado, por lo que se debe tomar alguna acción rápida, pero ¿qué tipo de acción? Los decretos reales de Persia eran irreversibles una vez que el rey los firmara y los sellara.

1. RETOMAR Y DEFINIR (8:1-2)

La exposición y ejecución de Amán significaba la disolución de la amenaza contra la autoridad del rey Jerjes, lo que también significaba un insulto humillante al rey. Complacido con la restauración de su poder y dignidad real, el rey Jerjes entrega a Ester las propiedades de Amán, todo lo que poseía en propiedades y dinero, y lo hizo porque, como rey, tenía derecho sobre la propiedad de un criminal condenado.

✦ ¿Por qué llega Mardoqueo ante el rey?

....

....

....

✦ Anota a continuación los cambios que se dieron en estos versículos iniciales.

· Versículo 1:

....

....

....

· Versículo 2:

....

....

....

2. UN NUEVO AMANECER Y UNA NUEVA SÚPLICA (8:3-8)

El decreto en contra de los judíos sigue vigente, por lo que Ester, nuevamente debe arriesgarse y rogar por la vida de su pueblo. ¿Le permitirá el rey que hable en su presencia? Lo permite y otra vez, extiende su cetro de oro hacia Ester.

....

....

....

....

✦ ¿En qué se diferencia esta petición de Ester al rey con la petición inicial que hizo en el capítulo 5:1-4?

....

....

....

✦ ¿Qué pide Ester al rey que haga y en qué circunstancias basa su ruego (versículo 5)?

_____

_____

_____

En su ruego al rey, Ester se refiere a Amán como "el agagueo", incluso cuando el rey quizás no sabía (o no le importaba) lo que significaba. Sin embargo, ¡sí es importante! Si recuerdas, había un pueblo llamado los amalecitas, el cual tenía un rey llamado Agag. Dios los había denominado enemigos de los judíos desde los tiempos de Moisés. Amán era descendiente de estos malvados amalecitas y aunque Amán ya no estaba con vida, su decreto seguía vigente. Este decreto significaba que los amalecitas seguían a la caza del pueblo de Dios, situación que Ester no podía soportar.

Quizás el rey Jerjes exhaló un suspiro mientras escuchaba a Ester, su reina. Siente afecto por ella y la encuentra muy atractiva, pero sus ruegos ya han causado algunos problemas de cierta magnitud y de nuevo, otro ruego más. ¿No se ha dado cuenta de que una vez se emite un decreto, este no puede revocarse? Si lo hiciera, quedaría en ridículo y lo verían como un líder débil. Su exasperación se percibe en su primera respuesta: "Le he dado a Ester las propiedades de Amán, a quien atravesaron en un poste porque trató de destruir a los judíos" (versículo 7). En otras palabras: "¿Qué más quieres de mí? Después de que Amán fue ejecutado, te di todo lo que le pertenecía".

Pero, espera un momento. Mira de nuevo el versículo 7 en donde el rey habla de Amán "a quien atravesaron en un poste porque trató de destruir a los judíos". ¿Te diste cuenta de que el rey le da un pequeño giro a sus palabras aquí? Si regresamos a ver las palabras que usa Ester en su solicitud en el capítulo 7:3-4 y después al desarrollo de los sucesos que culminaron en la muerte de Amán, en ningún momento vemos que el rey estuviera motivado por el deseo de salvar a los judíos. Todo se trataba de las posibles amenazas que se levantaran contra él y su reino. Seguro que estaba molesto por la amenaza hacia Ester, pero incluso ahí, era más el hecho de que un ataque contra su reina era una afrenta personal a su propio reino.

✦ El rey sigue atado por el decreto que Amán redactó; no obstante, el rey busca complacer a su reina. ¿Qué solución propone?

....

....

....

3. LA SOLUCIÓN ASTUTA DEL REY JERJES (8:9-14)

La propuesta del rey es brillante. El primer decreto que buscaba eliminar a los judíos no puede revocarse, pero sí se puede emitir uno nuevo que reduciría enormemente el terrible efecto del anterior. De acuerdo con el nuevo decreto, cuando llegue la fecha en que los judíos debieran ser eliminados, pueden hacer lo que sea necesario para defenderse y preservar sus vidas. No estarán totalmente indefensos. Sin duda esto trae gran regocijo y lo podemos apreciar al final del capítulo 8 de Ester. Aunque todavía faltan meses para la fecha oficial en que entre en vigor el malvado decreto de Amán, es probable que la persecución haya empezado. El escritor Yoram Hazony nos esboza esta imagen nefasta:

> Los enemigos de los judíos se pavonearon en los lugares públicos para hacer saber a todos sus intenciones hacia cada judío que alguna vez los hubiera insultado, que los había aventajado en un puesto público, o que les hubiera cobrado a un precio que consideraban muy alto. Pregonaban: "me quedaré con tu casa cuando ya no estés, judío", "tendré a tu hija antes de que muera, judío", "bailaré sobre tu tumba, judío", y muchas otras peores. Y con las burlas también empezaron los actos de vandalismo, robo, profanación, poniendo a prueba a los judíos, humillándolos y preparándolos para lo que venía.

El rey Jerjes convoca a sus escribas y le asigna la redacción del nuevo decreto a su asesor en jefe recientemente nombrado, Mardoqueo. En la tabla a continuación, subraya las similitudes que ves en la preparación del decreto de Mardoqueo y la preparación del que escribió Amán en el capítulo 3 de Ester. Luego, usa la columna vacía para anotar las diferencias en los dos decretos.

Decreto de Amán (Ester 3:12-15)	Decreto de Mardoqueo (Ester 8:9-14)	Diferencias
Así que, el 17 de abril, citaron a los secretarios del rey, y se escribió un decreto tal como lo dictó Amán. Lo enviaron a los funcionarios del rey de más alta posición, a los gobernadores y a los nobles de cada provincia en sus propios sistemas de escritura y en sus propios idiomas.	Así que, el 25 de junio, reunieron a los secretarios del rey, y se escribió un decreto tal como Mardoqueo lo dictó. Lo enviaron a los judíos y a los funcionarios de más alta posición, a los gobernadores y a los nobles de las ciento veintisiete provincias, que se extendían desde la India hasta Etiopía. Este decreto se escribió en los propios sistemas de escritura y en los propios idiomas de cada pueblo del imperio, incluido el de los judíos.	
El decreto se redactó en nombre del rey Jerjes y fue sellado con el anillo del rey. Se enviaron comunicados a todas las provincias del imperio mediante mensajeros veloces, con orden de matar, masacrar y aniquilar a todos los judíos—jóvenes y ancianos, incluso las mujeres y los niños—en un solo día. El plan estaba programado para el 7 de marzo del año siguiente. Las pertenencias de los judíos serían entregadas a los que los mataran. Una copia del decreto debía emitirse como ley en cada provincia y proclamarse a todos los pueblos, a fin de que estuvieran preparados para cumplir con su deber el día señalado.	El decreto se redactó en nombre del rey Jerjes y fue sellado con el anillo del rey. Mardoqueo envió los comunicados por medio de mensajeros veloces, quienes montaban caballos rápidos, criados especialmente para el servicio del rey. El decreto del rey les daba autoridad a los judíos de todas las ciudades para unirse y defender su vida. Se les permitía matar, masacrar y aniquilar a cualquiera, de cualquier nacionalidad o provincia, que los atacara a ellos o a sus esposas e hijos. También podían apoderarse de los bienes de sus enemigos. El día escogido para llevar a cabo esa acción en todas las provincias del rey Jerjes fue el 7 de marzo del año siguiente.	

Decreto de Amán (Ester 3:12-15)	Decreto de Mardoqueo (Ester 8:9-14)	Diferencias
Por orden del rey, se despachó el decreto mediante mensajeros veloces, y también se proclamó en la fortaleza de Susa. Luego el rey y Amán se sentaron a beber, pero la ciudad de Susa entró en confusión.	En cada provincia debía emitirse una copia de ese decreto como ley y proclamarse a todos los pueblos, para que los judíos estuvieran preparados para vengarse de sus enemigos el día señalado. Así que, impulsados por el mandato del rey, los mensajeros salieron a toda prisa sobre caballos rápidos, criados para el servicio del rey. Este mismo decreto también se proclamó en la fortaleza de Susa.	

✦ ¿Cómo resumirías la esencia de este nuevo decreto?

....

....

....

....

4. GOZO Y ALEGRÍA (8:15-17)

El gozo es la nota predominante en esta sección final. Habían emitido el nuevo decreto y recordemos que todo aquel decreto que portara el sello del anillo del rey nunca podría revocarse. Se concedió libertad para que el pueblo judío pudiera defenderse contra sus enemigos y contaban con el respaldo gubernamental necesario.

✦ ¿Cómo nos presenta esta porción a Mardoqueo?

....

✦ ¿Qué palabras usa el autor para describir el ánimo del pueblo de Dios en todo el territorio persa?

✦ ¿Cómo celebraron los judíos este momento tan importante?

✦ ¿Cómo respondieron los ciudadanos persas a este nuevo decreto?

✦ Identifica los giros que se dieron en los pasajes a continuación.
   • 3:15 dio marcha atrás en 8:15

• 4:1 dio marcha atrás en 8:15

• 4:3 dio marcha atrás en 8:16-17

CONVERSEMOS

1. El libro de Ester es sangriento y debemos reconocer esta realidad. Si somos sinceros, en ocasiones nos cuesta comprender por qué Dios permite esta violencia, en especial cuando las víctimas también son mujeres y niños, como es el caso de este nuevo decreto que redactó Mardoqueo. No es que Dios ame la violencia, sino que ¡Él odia el pecado! La verdad aquí es que todos, tanto hombres, como mujeres y niños, merecen la muerte y la destrucción a causa del pecado. Karen Jobes escribe: "desde el principio de los tiempos, la guerra de Dios es contra el pecado y la maldad. Pareciera que nuestro deseo es que Dios destruya el pecado y la maldad, pero sin tocar a las personas. No obstante, el pecado y la maldad no existen por sí mismos, sino en aquellos que pecan y cometen maldades".[5]

¿Minimizas o excusas tu pecado? Piensa en la violencia que hemos visto en el libro de Ester (y la que está por venir) y piensa en cómo abre nuestros ojos al horror del pecado y a dónde este pecado nos conduce inevitablemente. ¿Cómo impacta tu comprensión de Jesucristo y su evangelio? (Quizás quieras dar un vistazo a Juan 1:21).

....

....

....

....

....

....

2. A medida que pensamos en todos los giros que se dieron en este capítulo, no nos queda más que reconocer que es la mano poderosa de Dios la que orquesta estos cambios. Es simple, no existe otra manera en la que estos sucesos hubieran sido posibles. Él es Dios de cambios que se complace en levantar al caído y fortalecer al débil. ¿En qué área de tu vida esta característica de Dios impacta tu fe y te da esperanza? Quizás también venga a tu mente Ana (1 Samuel 2:2-5) y María (Lucas 1:46-55), quienes fueron dos mujeres que, por experiencia propia, pasaron por el "poder de reversión" de Dios.

....

....

....

....

....

....

LIBERACIÓN

ESTER 9:1-19

Llega el día más temido. El decreto de Amán entra en vigor y aquellos que odian al pueblo de Dios se levantan para destruirlos. Sin embargo, también inicia el nuevo decreto: el que redactaron Mardoqueo y Ester y que da libertad a los judíos para hacer lo que sea necesario para defenderse. Entonces, el 7 de marzo (el día 13 de Adar) estalla una guerra étnica en la ciudad de Susa y en todas las provincias de Persia. No obstante, el resultado ya está garantizado y no porque el pueblo de Dios sea más fuerte que sus enemigos, sino porque Dios siempre cumple sus promesas.

1. CAMBIO EN EL PODER (9:1-5)

La primera oración del capítulo 9 de Ester resume bastante bien el libro completo:

> Así que, el 7 de marzo, los dos decretos del rey entraron en vigor. Ese día, los enemigos de los judíos tenían la esperanza de dominarlos, pero ocurrió todo lo contrario. Fueron los judíos quienes dominaron a sus enemigos. (Ester 9:1

✤ La semana pasada nos enfocamos en las revocaciones que se dieron en el libro de Ester, ¡muchas de ellas formaron parte del capítulo 8! Pero ¿qué señala este primer versículo del capítulo 9 al tratarse del cambio general de toda la historia?

....

....

....

....

✤ De acuerdo con el versículo 2, ¿por qué los enemigos de los judíos no pudieron imponerse?

....

....

....

....

✤ Los oficiales persas apoyaron a los judíos, lo que permitió que se fortalecieran. De acuerdo con los versículos 3 y 4, ¿por qué estos líderes se aliaron con los judíos?

....

....

....

....

✤ El versículo 5 nos indica que los judíos "hirieron de muerte a sus enemigos a filo de espada. Mataron y aniquilaron a sus enemigos e hicieron lo que quisieron con quienes los odiaban". Según el decreto que redactó Mardoqueo (lee el 8:11), ¿cuáles fueron las condiciones para que los judíos pudieran llevar a cabo esta matanza?

....

2. UN DÍA SANGRIENTO (9:6-10)

En los versículos 6 al 10 conocimos lo que sucedió dentro de los límites de la ciudad de Susa. Entre los muchos que fueron aniquilados estaban los diez hijos de Amán y el autor del libro incluso nos dice sus nombres. Quizás esto se dio porque Amán estaba sumamente orgulloso de sus hijos y alardeaba de ellos (lee el 5:11). Escribir sus nombres también era una forma simbólica de eliminar la historia completa de Amán, inclusive la de los miembros de su familia.

Por el número de enemigos de los judíos que murieron dentro de los límites de la ciudad, el "botín", que estaba conformado por dinero, posesiones y ganado que había pertenecido a quienes habían muerto, era sustancioso y los judíos estaban en libertad de tomarlo porque así lo indicaba el decreto de Mardoqueo (lee el 8:11). Sin embargo, en el versículo 10 nos dice (y nuevamente en el 15 y en el 16) que los judíos no tomaron dicho botín. Está más que claro que el autor de Ester quiere que veamos con detenimiento este detalle que ¡se mencionó tres veces! Este es uno de los puntos de la Biblia en donde encontramos una conexión poderosa con otra porción de la Biblia y es una forma en la que podemos ver que la Biblia no es un montón de historias separadas, sino que todo conforma una gran historia.

Durante el trascurso de nuestro estudio hemos visto la presencia de los enemigos del pueblo de Dios que vienen desde hace mucho tiempo: los amalecitas. Este elemento es parte de nuestro estudio de Ester porque Amán y sus hijos eran descendientes de estos amalecitas. Debido a que el pueblo amalecita se había ensañado de una forma tan inusual con el pueblo de Dios, Dios había prometido siglos atrás, mucho antes del tiempo en que vivió Ester, que los borraría por completo (Éxodo 17:14).

✦ Años después de que Dios hiciera esa promesa, pero mucho antes del tiempo en que vivió Ester, tal vez recuerdes que Dios ordenó al rey Saúl de Israel que destruyera a los amalecitas en una batalla. Revisa lo que sucedió ese día en 1 Samuel 15:1-23. Con base en tu lectura de esta porción, ¿por qué la decisión de los judíos de no tomar el botín es otro giro en la historia?

3. LOS DESEOS DE ESTER (9:11-15)

Desde la seguridad de su palacio, el rey Jerjes habla con tranquilidad de la matanza que se ha dado en las calles de la ciudad. ¡Pareciera como que estuviera hablando de un encuentro deportivo! Y luego, hace lo que siempre hace cuando está de buen humor, ofrece bendecir a su esposa, la reina Ester. Sin embargo, esta vez es un tanto diferente.

✦ En otras ocasiones, la generosidad del rey se ofreció a Ester como respuesta a sus solicitudes, pero aquí, es él quien inicia. ¿Qué piensas acerca de la posición de Ester en la corte real y en la vida del rey?

✦ ¿Cuáles son los dos deseos que Ester presenta al rey Jerjes?

Ester recibe muchas críticas por estos dos deseos. Su primer deseo es que los judíos tengan un día más para defenderse en Susa, lo que parece innecesario dado el hecho de que el enemigo casi ha sido vencido. Este deseo de tener un día más de matanza, ¿se trata solo de una venganza por los meses de terror que sufrieron por parte de quienes odiaban al pueblo de Dios? Su solicitud la hace ver fría y malvada. Algunos piensan que como su condición y su autoridad habían ido en aumento, esto había transformado a la joven dócil y complaciente en una mujer cruel. El autor del libro no levanta un juicio moral por las acciones o palabras de Ester, por lo que no sabemos si esa transformación se había dado. Sin embargo, también hay probabilidad de que su solicitud no fuera en esencia malvada, sino pragmática, porque en la forma en la que rey mencionó la cifra de las muertes en las provincias, se trataba solo de un estimado. Otro día de batalla podría dar la oportunidad a los judíos a defenderse en contra de cualquier persa rebelde determinado a llegar a Susa para herir al pueblo de Dios. En cuanto a la segunda solicitud, en donde pide que los cuerpos de los diez hijos de Amán fueran atravesados en un poste para que todos los vieran, más que malvado, serviría como una advertencia para todo aquel que pudiera seguir con ideas de hacer daño a los judíos.

✦ ¿Qué sucede con los deseos de Ester?

....

....

....

Es difícil leer sobre las guerras y el derramamiento de sangre, en especial en la Biblia, y las muertes que Dios ordenó son aún más difíciles de comprender. La razón es que, en la actualidad, los cristianos no participan de guerras santas. En la época del Antiguo Testamento, Dios apartaba y purificaba a ciertas personas (los judíos) para Él y ordenaba que aquellos que no eran santificados y que amenazaran con destruir la relación de Dios con su pueblo especial tenían que morir. A eso nos referimos con "guerra santa".

Debemos tener en cuenta que Dios, al ordenar estas muertes, no estaba condenando a gente inocente. En toda la Biblia se nos dice que todos aquellos que murieron en estas guerras llegaban hasta este punto para juicio. Y no se trataba de que el pueblo de Dios fuera menos pecador, sino de que, en esencia, Dios los sellaba con su amor y decidía perdonarlos. El apóstol Pablo nos dice:

Pues todos hemos pecado; nadie puede alcanzar la meta gloriosa establecida por Dios. Sin embargo, en su gracia, Dios gratuitamente nos hace justos a sus ojos por medio de Cristo Jesús, quien nos liberó del castigo de nuestros pecados. (Romanos 3:23-24).

Cuando Pablo escribe que nos hace "justos", significa que nos presentamos rectos ante Dios gracias al precio que Jesús pago por nuestros pecados en la cruz. Y esa obra de Jesús no solo cubre al pueblo que vino después de Jesús, sino también a todo el pueblo de Dios que vivió antes de que Jesús viniera y tomara naturaleza humana. La muerte y resurrección de Jesús cambió la naturaleza de la lucha en las guerras que buscan santidad y la manera en que Dios conquista a sus enemigos.

Describe este cambio desde la perspectiva que obtengas en los pasajes a continuación:

- Mateo 28:18-20

....

....

....

- Efesios 6:10-18

....

....

....

4. MOMENTO DE CELEBRAR (9:16-19)

Esta es la primera vez que sabemos qué ha sucedido en las afueras de la ciudad de Susa. Los judíos también habían vencido en las provincias que rodeaban la ciudad. Después se nos presenta un desglose de lo que hicieron en días específicos.

Recordemos que los decretos, tanto el de Amán como el de Mardoqueo, entraban en vigor el 7 de marzo (el día 13 del mes de Adar). Los dos decretos eran válidos solo por un día. No obstante, Ester solicitó otro decreto que permitiera un segundo día de batalla dentro de la ciudad de Susa. Ahora haz una revisión de las fechas y sucesos que se mencionan en los versículos 16 al 19 y completa el cuadro a continuación, llénalo con los sucesos en los días específicos.

Fecha	Judíos en Susa	Judíos en las provincias de Persia
13 de Adar	Lucharon contra el enemigo.	Lucharon contra el enemigo.
14 de Adar	Lucharon contra el enemigo.	
15 de Adar		

La razón por la que tuviste que hacer el detalle de los distintos días era explicar por qué las celebraciones de victoria se realizaron en días diferentes en las distintas regiones de Persia. A medida que la historia se acerca a su final, nuevamente estamos como al principio: con una gran celebración. ¿Qué caracteriza tal celebración aquí en el capítulo 9?

_____

_____

_____

_____

_____

_____

Cronología en Ester

Los sucesos de Ester se desarrolan en un período de 10 años [6]

Refer-encia	Suceso	Mes	Día	Año del reinado de Jerjes	Año
1:3	Jerjes celebra sus banquetes.			3	483 a. C.
2:16	Ester se presenta ante Jerjes.	10		7	479 a. C.
3:7	Amán echa suertes.	1		12	474 a. C.
3:12	Amán emite el decreto	1	13	12	474 a. C.
3:13	Fecha planificada para la aniquilación de los judíos.	12	13	13	473 a. C.
8:9	Mardoqueo emite su decreto.	3	23	13	473 a. C.
8:12; 9:1	Día en el que los judíos podían defenderse de ataques.	12	13	13	473 a. C.
9:6-10,	Ten sons of Haman executed; Feast of Purim celebrated.	12	14, 15	13	473 BC
20-22	Diez hijos de Amán son ejecutados; se celebra el Fiesta de Purim	12	14,		
15	13	473 a. C.			

CONVERSEMOS

1.Una de las lecciones que nos llevamos del libro de Ester es que Dios cumple sus promesas mediante providencias ordinarias de la vida diaria. De hecho, trabaja de esta forma con mucha más frecuencia que mediante los milagros. Esto es verídico, lo que significa que Dios obra sus propósitos en cada detalle de nuestras propias vidas. Nada es un desperdicio, ninguna circunstancia está vacía. La verdad es que todo lo que pasa en nuestras vidas hoy, de alguna forma, es una preparación para lo que Dios ha planificado para mañana. Hasta este punto del estudio de Ester, ¿cómo ha cambiado o refinado tu perspectiva de Dios y tus circunstancias actuales? ¿Puedes identificar una circunstancia de tu pasado que haya tenido una razón significativa en tu vida?

UN BANQUETE PERMANENTE

ESTER 9:20-10:3

Uno de los propósitos principales del libro de Ester es explicar el origen de la Fiesta de Purim, la cual es una festividad judía que se celebra cada año. Este es el punto en el que estamos en la historia. Esta celebración se inició con la gran victoria del pueblo de Dios cuando conquistaron a sus enemigos en Persia. Los judíos del área rural festejaban el 8 de marzo (día 14 del mes de Adar), mientras que los que vivían en Susa, la celebraban el 9 de marzo (día 15 de Adar). Y lo que empezó como la celebración de un día de gozo y reposo, se convirtió en una tradición anual que el pueblo judío sigue celebrando hasta la actualidad.

1. LLAMADOS A CELEBRAR (9:20-23)

Mardoqueo registró los planes para el banquete y envió las cartas a todas las provincias de Persia con instrucciones sobre cómo debía celebrarse.

✦ Tanto los días 8 y 9 de marzo (14 y 15 de Adar), los días originales de la celebración, se convirtieron en festividades judías nacionales que se extendieron sobre esos mismos dos días cada año. De acuerdo con las instrucciones de Mardoqueo, ¿qué conmemorarían cada año de forma específica?

_____

_____

....

....

✦ ¿Cuáles son las actividades que se realizan durante la celebración anual?

....

....

....

....

2. FECHA A LA SUERTE (9:24-28)

Todos los judíos en Persia estaban felices de que cada año tuvieran que conmemorar la caída del antiguo enemigo de Israel, los amalecitas, cuyo representante era Amán.

✦ ¿Qué nos trae a la mente este pasaje sobre cómo Amán estableció el día del ataque contra los judíos?

....

....

....

....

✦ Sabemos que el plan malvado de Amán no tuvo éxito, y en el versículo 25 nos recuerdan que este siniestro plan "se volviera en su contra". ¿Qué agrega el Salmo 7:12-16 a nuestro conocimiento de estas palabras en el versículo 25 y la función de Dios en el trágico fin de Amán?

....

....

✦ En la versión NTV de la Biblia, la traducción que estamos usando para este estudio, el versículo 26 empieza con la frase "Por eso". De hecho, el versículo usa explicaciones dos veces, un "por eso" y un "porque". Donde sea que encontremos estas frases, entendemos que hay una relación enlazada con lo que sucedió antes. Quizás hayas escuchado que los maestros de estudios bíblicos dicen: "necesitamos preguntarnos para qué o por qué están estas frases aquí". Esa es la pregunta en este punto. ¿Qué nos dicen estas palabras en el versículo 26? La misma pregunta corresponde a cualquier traducción de la Biblia que estés usando, ya sea que estas palabras sean "por eso", "por lo tanto", "por esta razón": ¿qué razón o condición se nos revela?

....

....

....

✦ Nos causa un poco de dificultad pensar en que el pueblo de Dios establezca una festividad de alegría para conmemorar la muerte y la destrucción de todos, incluso de los enemigos que habían sembrado temor desde hacía mucho tiempo. ¿Cómo explica el Salmo 16:4-5 el gozo que se relaciona con esta situación?

....

....

....

✦ ¿Qué compromiso hacen los judíos con relación al Fiesta de Purim?

....

3. LA IMPORTANCIA DE LA FIESTA DE PURIM (9:29-32)

Ester vuelve a entrar en escena en donde ella, junto con Mardoqueo, confirma la continuación de esta fiesta importante. Cuando nos indican que hubo una segunda carta (versículo 29) quizás signifique que tuvieron que esforzarse un poco más para unificar la celebración de los judíos urbanos con la de los judíos rurales y así, pudieran celebrar el Purim en la misma fecha cada año. Si alguna vez has planificado una recepción para una boda u otra celebración importante, sabes lo complicado que puede ser la organización de los detalles. Entre más grande sea el festejo, más difícil será organizarlo. Entonces, podemos comprender por qué estas cartas de alto rango llegaron a ser necesarias para que la Fiesta de Purim se celebrara en la línea correcta.

Esto es lo último que escuchamos de Ester. En este punto de la historia, ¿qué observas de la posición de Ester en Persia? ¿Cuáles son las palabras que llaman tu atención?

Todo el pueblo de Dios en Persia se comprometió a mantener este festival de alegría cada año, de la misma forma en la que guardaban otras conmemoraciones más sombrías que involucraba ayuno y dolor (por ejemplo, Levítico 16:29-31). Esta sección final de Ester 9 (versículo 29-32) empieza y finaliza con la misma acción. ¿Cuál es y por qué crees que quedó registrada para que pudiéramos leerlo ahora?

....

....

....

....

....

....

....

....

....

....

4. LA GRANDEZA DE MARDOQUEO (10:1-3)

El rey Jerjes sigue gobernando su vasto imperio con la imposición de un tributo que había dejado de recaudar temporalmente durante los inicios de su unión con Ester como su nueva reina (lee Ester 2:18). Mardoqueo quedó como segundo al mando después del rey. Había adquirido un poder de gran importancia en Persia.

✦ ¿Por qué Mardoqueo era un líder de gran estima?

....

....

....

....

La Fiesta de Purim en la actualidad

El pueblo judío sigue celebrando las fiestas de Purim con un espíritu de gozo. Por lo regular, los participantes se visten con disfraces para celebrar. Durante la víspera de la celebración se reúnen en la sinagoga para leer la historia de Ester. Los niños celebran esta tradición con las sonajas o matracas que les entregan para hacerlas sonar cada vez que se lee el nombre de Amán en la historia. Obedecen con diligencia las obligaciones que establecieron Mardoqueo y Ester. Es una celebración con deliciosa comida y obsequios de alimentos que se envían a otros. Durante el Purim, también comparte con los necesitados.

El final del libro de Ester no es un grupo de palabras que se escribieron de manera aleatoria, al contrario, posee un significado relevante. La grandeza de Mardoqueo busca enfatizar, o anunciar, a alguien mucho más grande que el mismo Mardoqueo. Mardoqueo señala a Jesús que vino a la tierra a hablar de paz a su pueblo y a buscar su bienestar. Esa es la razón por la que este final que pareciera fuera de lugar, en realidad es la porción más emocionante.

Durante todo el estudio de Ester, hemos visto cómo el libro se conectaba con la historia antigua de la Biblia. Pudimos ver que los judíos vivían en Persia por la falta de fidelidad de las generaciones anteriores. Por el pecado, Dios había enviado a su pueblo al exilio; tuvieron que dejar su hogar en la tierra prometida. Sin embargo, con el exilio también vino la promesa de esperanza de Dios para redención y salvación, lo que sigue desarrollándose en los sucesos de Ester con la caída de Amán y su malévolo plan. Esta también fue una promesa que se había dado siglos atrás en el decreto de Dios de que borraría por completo la memoria de los amalecitas (Éxodo 17:14-15). Sin embargo, la historia de Ester no solo nos señala el pasado, sino también el futuro. Por encima de todo, la historia de Ester nos muestra el poder y la maravillosa providencia de nuestro gran Dios.

✦ Explica cómo los pasajes a continuación refuerzan o cumplen los temas bíblicos generales que hemos estudiado en Ester, así como lo que hemos aprendido acerca del carácter de Dios. Algunos de los temas buscan incluir la fidelidad y la providencia de Dios, su justicia y su poder para liberar a su pueblo. Algo asombroso es descubrir cómo se revierten las circunstancias de una forma poderosa.

• Lucas 4:16-19

....

....

....

• Juan 10:27-30

....

....

· Romanos 8:28-30

....

....

....

· Efesios 1:11-12

....

....

....

· Colosenses 1:16-20

....

....

....

· Apocalipsis 19:6-9

....

....

....

CONVERSEMOS

1.¿Quién crees que es el héroe o la heroína de la historia y por qué?

....

....

2. La Fiesta de Purim no se enfoca principalmente en celebrar la muerte de los enemigos de Dios, sino el reposo o alivio que sintió el pueblo de Dios. ¿Cómo es esta una imagen del descanso que recibimos en Cristo? ¿Cómo has experimentado de manera personal las palabras de Jesús en Mateo 11:28-30?

3. A medida que finalizamos nuestro estudio de Ester, resume lo que has aprendido acerca de:

· la gran historia de toda la Biblia:

· el carácter de Dios todopoderoso:

· la salvación en Jesucristo:

RECURSOS ÚTILES PARA EL LIBRO DE ESTER

Ash, Christopher. Teaching Ruth and Esther: From text to Message (Enseñanza de Ruth y Ester: del texto al mensaje). Editado por David Jackman y Jon Gemmell. Escocia: Christian Focus, 2018.

Cosper, Mike. Faith among the Faithless: Learning from Esther How to Live in a World Gone Mad (Fe entre los infieles: aprendamos de Ester cómo vivir en un mundo malvado). Nashville, TN: Nelson, 2018.

Biblia de la Nueva Traducción viviente.

Fox, Michael V. Character and Ideology in the Book of Esther (Carácter e ideología en el libro de Ester). Segunda edición. Grand Rapids, MI: Eerdmans, 2001.

Hazony, Yoram. God and Politics in Esther (Dios y la política en el libro de Ester). Nueva York: Cambridge University Press, 2016.

Jobes, Karen H. Esther (Ester). Comentario bíblico con aplicación NVI. Grand Rapids, MI: Zondervan Academic, 2011.

Nielson, Kathleen. Ruth and Esther: A 12-Week Study (Rut y Ester: un studio de 12 semanas). Knowing the Bible. Editado por J. I. Packer y Dane c. Ortlund. Wheaton, IL: crossway, 2014.

NOTAS

1. El mapa "El imperio persa en los tiempos de Ester" es un extracto de la página 850 de la Biblia de Estudio ESV® (La Santa Biblia, English Standard Version®), copyright © 2008 por Crossway. Utilizado con permiso. Todos los derechos reservados.
2. A. shapur Shahbazi, "Harem i. in Ancient Iran" (Harén i. En el Irán antiguo), Enciclopedia Iránica, modificado por última vez el 6 de marzo de 2012 y con acceso el 4 de junio de 2019, http://www.irani-caonline.org/articles/harem-i
3. Karen Jobes, Esther (Ester), Comentario bíblico con aplicación NVI. (Grand Rapids, MI: Zondervan Academic, 2011), 146.
4. Yoram Hazony, God and Politics in Esther (Dios y la política en el libro de Ester). (Nueva York: Cambridge University Press, 2016), 133.
5. Jobes, Esther (Ester), 188.
6. El cuadro de "Cronología en Ester" se ha tomado de la página 855 de la Biblia de Estudio ESV®.